浙江金融职业学院 2020 年度校级重点科研项目(2020SG01-16)

中国特色
高水平高职学校建设的金院思考

主　编 周建松　郑亚莉
副主编 郭福春　孔德兰　梁　帅

浙江工商大学出版社
ZHEJIANG GONGSHANG UNIVERSITY PRESS
· 杭州 ·

图书在版编目(CIP)数据

中国特色高水平高职学校建设的金院思考 / 周建松，郑亚莉主编. — 杭州 ：浙江工商大学出版社，2020.9 (2023.4 重印)

ISBN 978-7-5178-4109-8

Ⅰ. ①中… Ⅱ. ①周… ②郑… Ⅲ. ①高等职业教育—学校管理—研究—中国 Ⅳ. ①G718.5

中国版本图书馆 CIP 数据核字(2020)第 172534 号

中国特色高水平高职学校建设的金院思考

ZHONGGUO TESE GAO SHUIPING GAOZHI XUEXIAO JIANSHE DE JINYUAN SIKAO

主　编　周建松　郑亚莉

副主编　郭福春　孔德兰　梁　帅

责任编辑　王黎明
封面设计　林朦朦
责任印制　包建辉
出版发行　浙江工商大学出版社
　　(杭州市教工路 198 号　邮政编码 310012)
　　(E-mail:zjgsupress@163.com)
　　(网址:http://www.zjgsupress.com)
　　电话:0571-88904980,88831806(传真)
排　　版　杭州朝曦图文设计有限公司
印　　刷　广东虎彩云印刷有限公司绍兴分公司
开　　本　710mm×1000mm　1/16
印　　张　14.75
字　　数　191 千
版 印 次　2020 年 9 月第 1 版　2023 年 4 月第 2 次印刷
书　　号　ISBN 978-7-5178-4109-8
定　　价　48.00 元

“双高”成果丛书编委会

目　录

Contents

导论：中国特色高水平高职学校建设之要诀

周建松
（浙江金融职业学院）

国务院于 2019 年发布了《国家职业教育改革实施方案》（国发〔2019〕4 号），教育部、财政部发布了《教育部 财政部关于实施中国特色高水平高职学校和专业建设计划的意见》（教职成〔2019〕5 号），明确了中国特色高水平高职学校建设的指导思想、主要目标、基本原则和改革发展的十大任务，并就运行保障机制提出了明确要求，中国特色高水平高职学校和专业建设计划（以下简称“双高计划”）正式启动实施。当前，第一轮 56 所高职学校和 253 个专业群名单已经正式公布，中央财政第一批资金已经下拨到位，这给项目建设按下了快进键。正确理解项目建设的重大意义，精准把握项目实施的核心要义，认真落实改革发展的十大任务，对于确保项目建设朝着高质量、高水平、高绩效的方向发展至关重要。

一、精准把握世界一流的建设制高点

作为我国高等教育的新类型，高等职业教育自 20 世纪 80 年代初以来得到了较快发展。尤其在世纪之交，作为推进高等教育大众化的重要举措，在党和国家大力发展、加快发展等多方面的政策推动下，其发展更为迅速，占据了高等教育的“半壁江山”。在此过程中，国家出台了一系列由中央财政拉动、以地方政府为主体、行业企业参与的质量工程，包括 2000 年的新世纪高等职业教育教学改革工程、2006 年的国家示范性高职院校建设计划、2010 年的国家骨干高职院校建设计划和

2015年的高等职业教育创新发展行动计划，有力地推动了高等职业教育类型特色的逐步形成和人才培养质量及院校办学水平的不断提高，也为我国高等职业教育的可持续发展打下了坚实基础。

中国特色社会主义进入新时代，各方面工作要有新气象，我国高等职业教育也要围绕打造特色鲜明的办学类型、政府统筹下的多元办学格局和质量提升全面实施新一轮改革发展战略，“双高计划”作为适应教育现代化建设要求、与高等教育双一流理念相匹配的国家战略应运而生。《教育部 财政部关于实施中国特色高水平高职学校和专业建设计划的意见》明确提出了集中力量建设一批引领改革、支撑发展、中国特色、世界水平的高职学校和专业群的目标任务，并明确要求：“到2022年，列入计划的高职学校和专业群办学水平、服务能力、国际影响力显著提升……形成一批有效支撑国家职业教育高质量发展的政策、制度、标准。……到2035年，一批高职学校和专业群达到国际先进水平，引领职业教育实施现代化……职业教育高质量发展的政策、制度、标准体系更加成熟完善，形成中国特色职业教育发展模式。”

笔者认为，作为我国新时代职业教育下一盘大棋的关键一着，“双高计划”与以往的高职教育质量工程既有相同点，也有不同点。就相同点而言，主要是围绕类型特色、提升质量、深化改革；就不同点而言，主要是本轮质量工程要求更高，目标指向不仅是在国内打造样板房，更要形成中国高等职业教育的制度、标准和范式，要形成中国高等职业教育的话语体系。换句话说，就是要形成高等职业教育发展的中国方案，提供高等职业教育高质量发展的中国样本，达到世界先进乃至一流水平，这就是我们需要精准把握的“双高计划”新要求。如果说，世纪之初的新世纪高等教育教学改革项目是要探索高等职业教育初步合格的规范样本，国家示范性高职院校建设主要是探索工学结合的专业人才培养方案，国家骨干院校建设计划是为了探索校企合作体制机制并引导地方政府形成良好投入政策环境，创新发展行动计划是探索形成中央教育行政部门指导、地方政府自主投入和院校自主发展高职教育的体制机制的话，那么，“双高计划”则目标更高、要求更明。

第一，“双高计划”是党中央国务院的重大战略，纳入了《中国教育现代化2035》，是《国家职业教育改革实施方案》的重头戏；第二，“双高计划”是由中央财政直接拉动的高等职业教育内涵建设项目和质量工程，同时希望形成聚力多方投入的氛围和机制；第三，“双高计划”的建设目标是形成一批引领改革、支撑发展、中国特色、世界水平的高等职业学校和专业群；第四，中国特色、世界水平的高职学校和专业群形成的标志是中国自主的职业教育标准、制度和话语体系；第五，形成中国特色职业教育制度标准的原则是博采众长、融合提炼、以我为主、自成一家。可以明确地说，经过两轮乃至更长期的建设，到2035年，我国高等职业教育将会真正形成具有世界一流水平与中国特色的标准、制度、话语体系。

二、精准把握加强党的建设着眼点

习近平总书记在党的十九大报告中明确指出，东西南北中、党政军民学，党是领导一切的。党的十八大以来，以习近平为核心的党中央高度重视党的建设，强调党要管党、从严治党，强调要加强党的领导，党的领导是全面领导，并发表了一系列重要讲话，制定和出台了一系列制度、条例和办法，就高等学校党的建设做出了重要指示，为我国高等教育发展指明了方向。“双高计划”作为新时代发展中国特色高职学校的重大质量工程，同以往的质量工程不同，文件在提出改革发展十大任务时，不仅把加强党的建设列在其中，而且列在首位，足见其重要性所在。

把加强党的建设作为“双高计划”建设的关键点，首先必须深入推进习近平新时代中国特色社会主义思想进教材、进课堂、进头脑。习近平新时代中国特色社会主义思想，是党的十九大确立的全党的指导思想，我们一定要加强学习、深刻理解，以实际行动，切实树牢四个意识、坚定四个自信、做到两个维护，同与习近平同志为核心的党中央保持高度一致，在“双高计划”建设学校过程中，切实落实好为人民服务、为中国共产党治国理政服务、为巩固和发展中国特色社会主义制度服务、为改革开放和社会主义现代化服务的要求，努力培养德智体美劳全面发展的中国特色社会主义建设者和接班人。

把加强党的建设作为“双高计划”建设的关键点，必须认真落实党中央和中央组织部、教育部党组提出的高校党建工作目标任务。尤其是要具体落实教育部党组提出的新时代高校党建争先创优工作要求，在发挥好高校各级党组织作用上下功夫，形成党建工作层层传导和体系化建设机制，学校党委要做到六个“过硬”，即把方向过硬、管大局过硬、做决策过硬、抓班子过硬、带队伍过硬、保落实过硬，院（系）党总支要做到五个“到位”，即党组织领导和运行机制到位、政治把关作用到位、思想政治工作到位、基层组织制度执行到位、推动改革发展到位。基层党支部要做到七个“有力”，即教育党员有力、管理党员有力、监督党员有力、组织师生有力、宣传师生有力、凝聚师生有力、服务师生有力。形成由上至下层层推动机制，形成自下而上层层落实机制，形成全体共产党员先锋模范作用为基础的党建工作正能量。

把加强党的建设作为“双高计划”建设的关键点，必须认真抓好双带头人培养工程。“双高计划”采用高水平学校和高水平专业群两类布局和模式。因此，专业群建设就成为高水平高职教育的重要基石，也正是因为这样，高水平专业群建设显得格外重要，而专业群带头人作为高水平专业群建设的领导者、组织者和具体实施者，对专业群建设的目标定位、课程体系建设、人才培养、科研和社会服务等具有重大关系乃至产生着决定性影响。因此，必须切实加强专业带头人党建培养，使其成为双带头人，即专业带头人成为总支书记（支部书记），总支书记

(支部书记)成为专业群带头人。

把加强党的建设作为“双高计划”建设的关键点,必须坚持加强和不断完善党委领导下的校长负责制。强化党委集中统一领导,在党委统一领导下形成党委领导、校长负责、教授治学、民主管理的治理结构,并积极探索产教融合、校企合作办学机制和工学结合、知行合一人才培养机制的高职治理结构创新。在此基础上发挥统一战线作用,并带动好工会、共青团、妇联等群团组织发挥积极作用。

三、精准把握“四个打造”的建设着力点

“双高计划”在总体目标中明确要求,围绕办好新时代职业教育的新要求,集中力量建设50所左右高水平高职学校和150个左右高水平专业群,打造技术技能人才培养高地和技术技能创新服务平台。据此要求,“双高计划”在明确加强党的建设重点任务之后,提出了“四个打造”的要求,即打造技术技能人才培养高地、打造技术技能创新服务平台、打造高水平专业群、打造高水平双师队伍,“四个打造”也成为落实人才培养工作任务和推动创新服务的重要抓手。

培养服务区域发展的高素质技术技能人才,是国家赋予高职教育的基本职责。在历年国务院的文件、决定、意见中都有明确要求,“双高计划”建设以打造技术技能培养高地为重要目标任务,正是履行这一职责的基本途径。按照国家高等教育结构布局和现代职业教育体系建设的要求,高等职业教育的主要任务就是培养社会主义现代化生产建设管理服务第一线需要的下得去、用得上、留得住的技术技能人才,并在努力使城乡新增劳动力更多接受高等教育的基础上,培养更多的大国工匠和能工巧匠,高水平高职学校和专业群建设必须紧紧围绕这一目标要求,以立德树人为己任,自觉培养和践行社会主义核心价值观,坚持产教融合、校企合作、工学结合、知行合一,积极探索教师教材

教法改革，积极推进毕业证书＋若干职业技能等级证书试点，培养好高素质复合型技术技能人才，以此彰显高职教育水平之高。

服务企业特别是中小微企业的技术研发和产品升级，是《国家职业教育改革实施方案》赋予高职学校的另一项重要职能，这与“双高计划”建设打造技术技能创新服务平台的要求是一致的。实际上，“双高计划”建设要对接科技发展趋势，以技术技能积累为纽带，在加强人才培养工作的同时，充分利用产教融合、校企合作制度优势和学校人才优势，为企业技术进步、新产品研发和产品升级换代提供帮助，促进中小企业增效和发展。

技术技能人才高地和技术创新服务平台建设需要以高水平专业群为依托，以高水平双师教师队伍为支撑。因为只有高水平“双师型”队伍才有可能促进人才培养和技术创新工作的开展，也只有高水平专业群的建设，才能凝聚起高水平教师和人才队伍，从而实现高素质复合型技术技能人才培养和推动企业技术创新目标。我们必须凝心聚力、精准发力、确保达标。

“四个打造”既是四项具体的工作任务，也是一个相互联系的有机整体，人才培养是根本任务，技术创新是重要衍生成果，高水平专业群是基点，高水平师资和人才队伍是关键、是持久推动力，必须持之以恒、久久为功。

四、精准把握“五个提升”的建设发力点

高水平高职学校建设是一个整体，高水平人才培养是基本标志，高水平人才队伍是支撑，高水平专业群和高水平技术创新平台是推动人才培养的重要力量。与此同时，为推动人才培养和科技创新，必须抓住办学治校整体建设，“双高计划”在明确“一加强、四打造”的同时，进一步提出了“五提升”的目标任务，旨在强化办学治校整体，构建完善的

学校治理体系，提升办学治校水平，真正走出一条中国特色高水平高职教育发展之路。

提升校企合作水平是高水平高职学校和专业建设的重要基础，也是高等职业教育类型特色的重要彰显点，列入高水平高职学校和专业建设计划的单位要与行业领先企业在人才培养、技术创新、社会服务、就业创业、文化传承等方面深度合作，尤其是充分利用校友力量和职业教育集团办学体制优势，主动按照专业对接产业、课程对接岗位、教学过程对接生产（经营）过程的思路，构建校企命运共同体，实质性推动协同育人，通过校企共建产业学院、建立混合所有制二级学院等途径，构建校政行企协同育人长效机制，把校企合作落到实处。

提升服务，发展水平是高水平高职学校和专业建设的重要彰显点，“双高计划”建设学校和专业群，要围绕国家重点产业、区域支柱产业和战略新兴产业，围绕产业高端和高端专业，在提高生产效率、产品质量和服务品质上下功夫，促进企业产品升级、技术革新和管理升级，赢得市场、增加收益、实现发展。与此同时，要围绕国家重点战略，如脱贫攻坚、乡村振兴等提供智力和财力支持，使高水平高职学校和专业建设计划成为建设全面小康社会的重要推动力。

提升学校治理水平是“双高计划”的重要内涵，也是提升办学治校水平的重要任务，适应依法治国新要求。结合高职教育特点，要完善章程并构建以章程为核心的学校制度体系，建立完善学校、政府、行业、企业、校友等共同参加的校企合作理事会，完善好校级学术委员会、专业建设委员会、教材建设委员会等组织，尤其是发挥好教职工代表大会和工会等组织作用，形成科学的治理结构和体系，在党的领导下形成办学治校、科学发展的最大公约数。

提升信息化水平既是学校治理水平的重要基础，也是教育教学改革的决定性因素。在“云物大智”时代，高职院校既要适用信息条件构建学校大脑，促进决策科学化，更要通过信息技术改革改造专业和课程体系建设，把信息技术和专业教育内容有机结合，推动高质量教学资源形成，切实提高教育教学水平和质量。

提升国际化水平是高等职业教育创新发展，形成中国特色高水平高职教育的新亮点。随着对外开放的不断深入，职业教育国际化是一个不可逆转的大趋势，我们既要学习借鉴发达国家的经验，更要在博采众长的基础上融合提炼、自成一家，形成中国职业教育特点和标准制度体系，并充分发挥职业教育在"一带一路"建设和国际化高端技术技能人才培养方面的作用，配合中国企业"走出去"，积极发挥在人才培养和文化传承等方面的作用。应该说，提升国际化水平既是中国特色高职教育的必由之路，也是世界一流职业教育新的生长点。

五、要精准把握专业群建设这个基础点

与国家"双一流"建设计划相匹配，根据高等职业教育的特点和要求，"双高计划"采用高水平学校和高水平专业群两类布局形式，入选中国特色高水平高职学校的 56 个建设单位，每校同时建设两个高水平专业群，另有 141 所学校各有一个专业群入选建设，也就是说，在"双高计划"的建设进程中，将有 253 个高水平专业群在建，由此带动 1000 余个专业点建设，我们要正确把握双布局模式的用意，切实重视专业群建设并以此带动高水平专业建设。

要充分认识专业建设在高职教育的龙头地位。如果说，基础教育主要是讲课程，如语文、数学、英语、物理、化学、历史、地理等，而传统高等教育则主要是讲学科，如经济学、管理学、政治学、法学等，那么，在职业教育中，最具区分度的则是专业，如金融专业、会计专业、轨道交通专业、导游专业等。专业既是职业教育的基本特征，也是职业教育教学管理活动的基本单元，是职业教学划分教学资源、考核教学业绩和成果评价的基点。因此，教育部门、财政部门的诸多重大立项都是以专业为

单元的,国家示范校建设、骨干校建设等也都是如此。

要高度重视专业群建设作为高职教育内涵建设的创新方向。一般地说,所谓专业群是指由一个重点专业带动,相关专业组合而成的专业链,尽管对具体组合方式,不同专家和学者有不同意见,但基本共识是存在的,即三相三共。专业群的学科基础相通、技术领域相近、职业岗位相关;而在专业群内部,则应该是基础课程共用、教学资源共享、教师队伍共育。与此同时,要努力实现专业群与产业链、人才链、创新链对接,在教学管理上,尽可能实现以群建院。这样,才有利于推进高职教育新时代内涵建设有效深化,高质量发展充分实现。

要科学把握专业群组建模式和运行机制。专业群既是一个学理概念,也由此会成为教学管理概念,我们在实践中要坚持做到:一是面向区域或行业优势产业确定重点或优势特色专业,二是由重点或优势特色专业牵头建群,三是校企合作联合建设专业群,四是按专业群运行要求组建和发展结构化教学创新团队,五是探索形成专业群可持续发展机制。

诚然,专业群的构建和运行管理是一件十分复杂的事。我们既要研究专业群与单一专业的功能差异,并充分发挥专业群的集合作用,同时又要研究各个专业群的特点和特色,探索专业群在打造技术技能人才培养高地和技术创新服务平台建设中的重要作用。当然,还要发挥高水平专业建设对学校建设发展的带动作用。

六、精准把握树特创优的建设创新点

"双高计划"作为党中央国务院的重大决策部署,作为中央财政支持撬动的高职教育重大质量工程,教育部、财政部有统一的部署、明确的政策、具体的任务、系统的要求。"双高计划"文件明确指出"一加强、四打造、五提升"就是系统化的十大改革发展任务,对此,我们必须深刻深会并抓实抓好。然而，高等职业教育作为一种教育类型，它的主要任务是为中国特色社会主义现代化生产建设管理服务第一线培养高素质技术技能人才，高职教育办学具有很强的区域性、行业性特点，既需要把握办学治校的一般规律，正确处理好高教性与职教性的关系，更需要从区域经济社会发展和行业特点及各校具体情况精准施策、打造特色、培育亮点。每一所参与建设的高职学校都应该把握规律、明确重点、创新特色，培育各自的中国特色高水平高职教育之花。与此同时，整个“双高计划”建设工程应该是一个百花园工程，要鼓励各自芬芳、百花绽放，还需要强调目的，通过高水平学校示范引领，带动中国高等职业教育从百花绽放到千花盛开。

要加强高等职业教育的创新性研究。影响高职教育发展的问题还很多，但是对研究工作不重视、创新性研究不足应是重要原因，这也导致对高等职业教育发展中的许多问题尚未厘清，实践中的许多具体问题没有摸清，决定高职教育发展方向和长远未来的法律法规和政策制度也没有完全厘清。正因为这样，我们应该结合“双高计划”建设，把基于类型特点、中国特色的高等职业教育研究放在重要位置，在构建中国特色高职教育话语体系上积极作为，努力以研究之高打造高水平高职教育之“高”。

要重视高职教育文化建设和文化育人研究。文化传承与创新是高等教育的重要职能，在“双一流”建设中，文化建设被摆上十分重要的位置。在中国特色高水平高职学校建设中，我们应该切实加以重视如何正确把握文化存在的价值，鼓励各学校乃至专业群在文化培育、文化育人、构建文化体系上下功夫，尤其是如何把握高职教育文化本身的系统性，包括物质文化、精神文化、制度文化和行为文化等，如何正确处理高职文化建设与大学文化、地域文化、行业文化、职业文化的关系，如何结合“三教”结合探索形成富有职教特色的教学文化，如何构建适应高职教育特点的文化校园和校园文化，推动文化育人、以人为人，鼓励学校自主探索实践。

要鼓励高职学校开拓创新，打造亮点。中国是一个地域辽阔、文化丰富、多民族团结发展的大家庭，各高职学校又有各自的发展历史，处在不同的发展阶段，肩负着不同的发展使命和担当，“双高计划”既应要求各学校建设学校和专业群做好必修课，实现基础达标，同时，又要支持各学校和专业群从自身特点出发，吸收借鉴发达国家不同范式，并在此基础上进行自主探索、自主创新，真正形成具有中国特色、世界水平的职业教育教学标准、制度体系，为中国特色、世界水平职业教育的形成提供鲜活案例和成熟方案。

各高职学校和专业群在建设过程中，应该解放思想、开拓创新、树特独优，探索形成原创成果。

七、正确把握全员参与的建设聚力点

中国特色高水平高职学校和专业群建设采用学校和专业群两类布局，同时又分为 ABC 三个等次，入选“双高计划”的学校有 56 所，同时有 112 个专业群列入重点建设，另有 141 所学校各一个专业群参与重点建设，涉及学校 197 所、专业群 253 个。接下去，还会有省级高水平高职学校和专业群建设项目，各学校也可以自筹经费，参照高水平学校逻辑和要求进行重点建设。但无论如何，我们要处理好点与面的关系，处理好项目责任人、责任制与调动全体师生员工参与积极性的关系，防止出现上热下不热、少数人积极但多数人无关的情况，真正构建起一个分层落实、层层负责、人人参与的中国特色高水平高职学校建设机制。

要建立健全项目建设责任体系。中国特色高水平高职学校和专业群建设计划，本身也是一个质量工程项目，作为重大的质量工程项目，涉及学校改革发展方方面面乃至学校工作全部方面，尤其是文件提出的“一加强、四打造、五提升”的任务，这实际上包括了管党治党、办学治校、内部建设、改革发展的方方面面，我们必须按照重大工作要求，建立由党委书记和校长牵头挂帅的领导小组，并明确各子项目负责人和协调领导，设立专门工作班子(“双高”办公室)统筹工作，建立由学校主要领导、分管领导、职能处室、二级学院、专业课程团队在内的工作体系和责任机制，形成自上而下层层分解任务、自下而上层层落实责任的工作机制，切实提高财政资金和项目资金建设绩效，为推动高职教育高质量发展打造样板、树立标杆，实现双高建设项目的决策初衷。

要营造人人关心和参与支持的局面。中国特色高水平高职学校和专业群建设，既是一个项目，也是一个工程，更关乎学校整体和长远发展。总结以往经验，我们要防止出现建设过程中的两种情形：一是单个学校建设与其他学校关联不大，关起门来搞建设，起不到示范引领和辐射带动作用；二是校内建设团队与师生员工关联不大，达不到人人支持、人人参与的局面，不利于建设工作向广泛和纵深推进。要真正形成引领改革、支撑发展中国特色、世界水平的高职教育，要使高水平建设学校真正做到同行都认可、当地离不开、国际可交流，必须发挥全校师生员工的共同作用，因为只有这样，我们的合力才能形成，我们的政策才能落地，我们的创新才能持久，中国特色的职业教育质量发展之路、中国特色世界水平的高职教育制度和标准才能有效形成、发扬光大。

八、正确把握各方参与的建设合力点

中国特色高水平高职学校建设，是贯彻落实《国家职业教育改革实施方案》的重要之招，理应在探索鲜明的类型特色上积极作为，形成原创性建设成果，产教融合、校企合作、工学结合、知行合一、动员各方力量参与支持建设是必要之举，也只有在广泛的校地、校行、校企、校校乃至国际合作中才能赢得力量,谋求成效。

要积极推进校地(政)合作。要充分发挥地方政府及相关职能部门的积极作用,积极谋求财政、人社、发改、经信等部门的作用,形成政府支持的强大优势,要通过中央财政的拉动和撬动,形成多元财政投入机制,有力支持和支撑"双高计划"建设。就学校而言,也可以结合发展所需,以某个地(市)县(市)合作建设两级学院,也可以根据专业群建设所需,与某个厅局(部门)合作,共建专业学院,形成校地、校政合作综合体。

要积极推进校企(行)合作。学校与行业、行业协会,企业合作是产教融合、校企合作的基本途径、重要载体,对此,习近平总书记曾经在2014年6月为职业教育的重要指示中做了特别强调,国务院办公厅专门发布了《关于深化产教融合的若干意见》(国办〔2017〕95号),就产教融合,就产业链—教育链、人才链—创新链的有机衔接做出了明确指导,提出了要求。2019年以来,国家发改委等部门又针对此做出了建设培育产教融合型企业的决定,并对产教融合型企业明确了"土地+信用+财政+金融"的优惠措施,对此,我们应该抓住有利条件,主动谋划争取,积极发挥作用。

要充分发挥校友力量。校友力量是学校自身力量与社会力量的最佳结合者,校友是学校的产品、名片和品牌,也是学校文化最生动的诠释者和传承者,通过校友力量这个载体,可以更好地联结行业和企业,可以更多地落实建设"双师型"队伍和打造双师教学团队的要求,可以最大限度地调动行业企业参与职业教育的积极性。关于这一点,浙江金融职业学院已经有了有益的探索和成功的实践。几十年来,浙江金融职业学院坚持行业校友集团办学,坚持以"凝聚海内外校友力量,建设高品质幸福金院"为导向,成效明显。在国家示范建设期间,学校以凝聚全世界校友力量为发展要素之一,也取得了较好效果,我们必须继续努力,不断深入深化,以期取得更佳效果。

要推进产教科教融合。产教融合是一所高水平学校的基础，而科教融合必不可少。“双高计划”建设打造技术技能人才高地和技术创新服务高地，必须正确处理产和教、科和教的辩证关系，在建立学校及专业群为地方经济(区域经济)发展服务，为技术(产品)开发服务等方面发挥积极作用，在两大平台上都做出自己和专业群的贡献，真正实现行业企业和地方离不开。

习近平总书记在2020年4月视察浙江时，对浙江工作提出了努力成为全面展示中国特色社会主义制度优越性的重要窗口的要求。联系高职实际，我们认为，中国特色高水平高职学校和专业群建设单位，应该成为中国特色高水平高职教育的重要展示窗口，为此，我们当不懈为之努力。

参考文献

[1] 国务院. 国家职业教育改革实施方案[EB/OL]. [2019-02-13]. http://www. gov. cn/zhengce/content/2019-02/13/content _ 5365341. htm? from=singlemessage&isappinstalled=0.

[2] 教育部，财政部. 关于实施中国特色高水平高职教育和专业建设计划的意见[EB/OL][2019-03-29]. http://www. moe. gov. cn/srcsite/A07/moe _ 737/s3876 _ qt/201904/t20190402 _ 376471. html.

[3] 谢俐. 中国特色高职教育发展的方位、方向与方略[J]. 现代教育管理，2019(4).

[4] 周建松. 以创新性研究引领中国特色高水平高职学校建设[J]. 职业技术教育，2020(4).

[5] 周建松. 正确把握“双高计划”的站位和定位[J]. 现代教育管理，2020(6).

高举旗帜固本强基，建设全国高职院校党的建设新标杆

吴建斌　吴国平　邹宏秋
（浙江金融职业学院）

中国共产党章程指出，要以党的政治建设为统领，全面推进党的政治建设、思想建设、组织建设、作风建议、纪律建设，把制度建设贯穿其中，深入推进反腐败斗争，全面提高党的建设科学化水平。建设什么样的党、怎样建设党是一个重大现实问题，直接关系到我们党和国家的前途命运。坚持党要管党、从严治党，推进党的建设新的伟大工程，是我们党对这个重大现实问题的明确回答。

改革开放以来，面对日趋复杂的国际形势和不断发展变化的国内环境，党中央坚持全面推进党的建设新的伟大工程，科学判断和准确把握我们党所处的历史方位和肩负的历史使命，紧密联系治国理政的实践，大力加强党的执政能力建设和先进性建设，进一步提高了党的领导水平和执政水平，进一步提高了拒腐防变和抵御风险能力。

党的十八大以来，以习近平同志为核心的党中央，把高校思想政治工作摆在突出位置，做出了一系列重大决策部署。党的十九大以来，以习近平同志为核心的党中央，着眼实现中华民族伟大复兴的中国梦，面对世界百年未有之大变局，科学回答了事关党的事业长远发展的一系列带有根本性、战略性、全局性的重大问题。

一、加强党的建设的重要意义

习近平总书记指出，加强党对高校的领导，加强和改进高校党的建设，是办好中国特色社会主义大学的根本保证。这是新形势下高校

党建工作的思想指南，为办好中国特色社会主义大学提供了根本遵循、指明了前进方向。新形势下，高校党建工作必须抓住重点、关键与核心，以创新的思路寻求解决问题的途径和举措，使高校党建工作永葆生机与活力。

（一）抓好党的建设根本

党的建设是抓好各项工作的根本。党的十九大报告中指出，新时代中国共产党的历史使命就是要进行伟大斗争、建设伟大工程、推进伟大事业、实现伟大梦想。"四个伟大"之间紧密联系、相互贯通，其中起决定性作用的是建设伟大工程。只有牢固树立抓好党建是最大的政绩，切实做好党建工作，才能更好地坚持党的全面领导，提高党员干部的凝聚力、向心力、战斗力，高质量地完成党交代的各项任务，顺利完成决胜全面建成小康社会，夺取新时代中国特色社会主义事业伟大胜利，实现中华民族伟大复兴的中国梦。

中共中央、国务院印发的《关于加强和改进新形势下高校思想政治工作的意见》指出，高校肩负着人才培养、科学研究、社会服务、文化传承创新、国际交流合作的重要使命。加强和改进高校思想政治工作，事关办什么样的大学、怎样办大学的根本问题，事关党对高校的领导，事关中国特色社会主义事业后继有人，是一项重大的政治任务和战略工程。

（二）做好新时代党建工作

如何做好新时代党的建设工作？习近平总书记提出了新时代党的建设总要求：坚持和加强党的全面领导，坚持党要管党、全面从严治党，以加强党的长期执政能力建设、先进性和纯洁性建设为主线，以党的政治建设为统领，以坚定理想信念宗旨为根基，以调动全党积极性、主动性、创造性为着力点，全面推进党的政治建设、思想建设、组织建设、作风建设、纪律建设，把制度建设贯穿其中，深入推进反腐败斗争，不断提高党的建设质量，把党建设成为始终走在时代前列、人民衷心拥护、勇于自我革命、经得起各种风浪考验、朝气蓬勃的马克思主义执政党。这个总要求是以习近平同志为核心的党中央对十八大以来推进全面从严治党经验的高度总结，为各级做好党建工作提供了行动指南。

办好中国的事情，关键在党。新时代党的建设工作根本性任务是把党的政治建设摆在首位，只有筑牢政治建设这一根基，发挥好政治建设统领全党工作的作用，才能为我们党不断发展壮大，为我们党各项工作良序发展提供重要的政治保障。

党建工作必须坚持以习近平新时代中国特色社会主义思想为指导，牢固树立“四个意识”，坚定“四个自信”，做到“两个维护”，坚决维护以习近平同志为核心的党中央权威和集中统一领导。维护好最广大人民的根本利益，并把它作为贯穿党建工作始终的最根本的政治纪律、政治规矩。要严格尊崇党章，严格执行新形势下党内政治生活若干准则，坚定党员干部的理想信念，加强党性锻炼，不折不扣地贯彻落实以习近平同志为核心的党中央做出的决策部署，营造风清气正的政治氛围，不断推动新形势下党的建设工作迈上新台阶。

（三）落实高校党建工作的重要意义

中共中央组织部、中共教育部党组印发的《高校党建工作重点任务》对认真执行党委领导下的校长负责制、加强领导班子和干部队伍建设、加强高校院（系）党建工作、加强高校师生党支部和党员队伍建设、落实党建工作责任等方面提出了要求，为我们做好高校党建工作指明了方向。

党的建设是一项伟大的工程，高校党建是党的建设工作的不可分割的重要组成部分。高校作为培养社会主义建设者和接班人的主要平台，党的建设工作必然是其中的重要组成部分，只有充分认识高校党的建设工作重要性，才能更好把握住高校里党的建设工作规律，才能使高校党的建设工作科学化水平不断在实践中提升。

高校党的建设工作是推动人才强国战略的必然选择。高校作为国家人才资源培养的“主阵地”，加强高校党的建设工作必然是推动人才强国战略的根本保障。中国共产党只有赢得青年，才能赢得未来，要赢得青年，就要用习近平新时代中国特色社会主义思想引导青年、培养青年用马克思主义观点指导实践，把符合入党条件的优秀学生吸收进党的队伍中来，培养一批建设社会主义事业、为实现中华民族复兴伟大中国梦而奋斗的可靠接班人。因此，强化高校党建工作，既是全面贯彻党的社会主义教育方针的政治保证，也是为实施人才强国战略提供智力支持和人才培养的制度保证。

高校党的建设工作是提高人才培养质量的必然选择。高校的主要任务是培养人才，高等学校党的建设的任务是使培养的人才不仅具有过硬的业务素质，还要有可靠的政治素质，要坚持德才兼备、以德为先，坚持五湖四海、任人唯贤，坚持事业为上、公道正派，突出政治标准、注重工作实绩。新时代高校党的建设应与时俱进，加大创新力度，要紧紧跟随时代的潮流。同时也要深刻认识到，高校始终是西方敌对势力输出西方意识形态的突破重点，我们要保持高度警惕。高校党的建设工作从小的方面说影响学生人生观、价值观、世界观的形成，从大的方面说影响培养社会主义建设者和接班人的人才培养任务。因此，要及时抓住大学生“三观”形成的这一关键时期，推动高校党的建设工作创新，完善党的建设机制，加强对大学生的引导教育，以保证党和国家的人才质量。

高校是党领导下的高校、是中国特色社会主义高校，肩负着为党育人、为国育才的重大职责使命，高校党的建设在整个党的建设中具有特殊地位和作用，我们务必要高度重视高校党的建设工作，对其重要意义有足够的认识，务必使高校成为党的最坚固的战斗堡垒。

二、加强党的建设内涵解读

《教育部 财政部关于实施中国特色高水平高职学校和专业建设计划的意见》在改革发展任务中的第一条就鲜明指出，深入推进习近平新时代中国特色社会主义思想进教材、进课堂、进头脑，大力开展理想信念教育和社会主义核心价值观教育，构建全员全过程全方位育人的思想政治工作格局，实现职业技能和职业精神培养高度融合。落实党委领导下的校长负责制，充分发挥党组织在学校的领导核心和政治核心作用，牢牢把握意识形态主动权，引导广大师生树牢"四个意识"、坚定"四个自信"、坚决做到"两个维护"。加强基层党组织建设，将党的建设与学校事业发展同部署、同落实、同考评，有效发挥基层党组织战斗堡垒作用和共产党员先锋模范作用，带动学校工会、共青团等群团组织和学生会组织建设，为学校改革发展提供坚强的组织保证。

（一）深化党建工作机制推进党建工作水平

坚持和加强党对学校的全面领导，按照"对标争先"建设要求，全面实施党建工作标准化建设，将党建工作与学校事业发展同部署、同落实、同考评。在学校党委"六个过硬"、院（系）党组织"五个到位"、基层党支部"七个有力"上下功夫，以中国特色高水平高职学校和专业建设计划为契机，进一步深入推进新时代高校党建工作水平。

（二）规范提升学校党委领导下的校长负责制

一以贯之学习习近平新时代中国特色社会主义思想，把党对高校领导的要求、新时代高校党的建设要求写进章程，形成以学校章程为基本准则、党建工作与治理结构全面融合的现代大学治理体系。坚持和完善党委领导下校长负责制不动摇，充分发挥党委总揽全局、协调各方的领导核心作用，尊重和支持校长独立负责地开展工作；校长在党委集体领导下依法依规行使职权。健全党委书记和校长定期沟通机制，凡涉及学校办学治校的重要事项，决策前都应充分沟通酝酿。

（三）加快构建“大思政”工作格局

把党建工作贯穿育人全过程，建立全员、全程、全方位育人的体制机制，大力推进习近平新时代中国特色社会主义思想进教材、进课堂、进头脑。社会主义核心价值观、理想信念教育、红船精神内容融入各专业课程标准及教学之中，教案中加入课程思政育人内容，使思想政治理论课与专业课有机结合，实现思政课程和课程思政同向同行，形成协同效应，培养中国特色社会主义建设者和接班人。组建思政课特聘教师、兼职教师上讲台、做交流。压实意识形态工作责任制，牢牢掌握意识形态工作领导权和主动权，严格管理学校各类学术组织审批，巩固“不忘初心，牢记使命”主题教育关于学生社团管理整改落实成果，严禁在学校传播宗教、发展信徒和组织宗教活动。

（四）加强二级学院领导班子和干部队伍建设

完善领导干部培养选拔机制，把政治标准放在首位，全面落实好干部标准，严格工作程序，选好配强学校中层领导班子，打造高素质专业化年轻化干部队伍。选好配强二级学院领导班子，特别是党总支书记、院长，选配党建、业务“双强型”书记，注重选拔学术能力强的人才担任院长。加大年轻干部培养选拔力度，多途径、多渠道培养锻炼干部，同时，注重在疫情防控一线发现、识别考察干部。

（五）全面建强二级学院党组织

紧紧抓住二级学院这个关键层级，着眼党总支的政治领导作用，推进党总支标准化建设，完善二级学院党政联席会议制度、“双签”制度。严肃党内政治生活，建立相对固定的党员活动日。坚持书记抓、抓书记，优化执行二级学院党组织书记述职评议制度，促进二级学院党组织书记抓基层党建述职评议制度在全覆盖基础上更加有效覆盖。

（六）充分发挥基层党支部战斗堡垒作用

优化党组织设置，坚持支部建在专业上。从严落实“三会一课”、主题党日活动等基本制度，坚决杜绝形式主义官僚主义，持续为支部松绑减负，让支部有更多时间和精力抓落实。深化党员干部的先锋模范作用，推进基层党组织标准化建设和“堡垒指数”建设。继续深化“把优秀党员培养成专业（学术）带头人，把专业（学术）带头人培养成优秀党员，把党内骨干尤其是支部书记培养成中层干部，把学校教学管理骨干培养成支部（总支）书记”的两个“双培工程”，彰显党组织书记和党员的“头雁效应”。以政治建设统领党建带群团建设，强化群团组织思想政治工作。积极探索党建工作与中心工作深度融合、发挥作用机制，防止“两张皮”。提高党支部地位、作用。

（七）持续加大发展党员工作力度

加强精准指导，引导广大师生深刻认识中国共产党为什么“能”、马克思主义为什么“行”、中国特色社会主义为什么“好”等重大问题的宣传教育，积极争取更多的发展党员指标。加强对高知识群体的政治引领和政治吸纳，坚持把政治标准放在首位，通过新员工入职培训、入职后在职培训，重视在优秀青年教师、留学国（境）外教师中发展党员。注重从源头抓起，通过新生第一课、党课、思政理论课等更加有力的措施，在大一新生中加强入党积极分子教育培养。

三、加强党的建设的主要举措

教育是党之大计、国之大计，承担着“培养德智体美劳全面发展的社会主义建设者和接班人”这一重要政治功能。高校党建作为党的建设新的伟大工程的重要组成部分，是高校办学发展的重中之重，是推进高校坚持立德树人、加快改革发展、深化社会服务的航向引领。高职教育作为中国高等教育的半壁江山，担负着培养中国特色社会主义建设者和接班人的崇高使命。党的十九大报告指出了中国发展新的历史方位——中国特色社会主义进入了新时代，新时代要有新气象、新作为，加强高职院校党的建设，好的做法要坚持，不足的要补齐，既有历史意义，也有现实意义。高举旗帜、固本强基，以习近平新时代中国特色社会主义思想指导工作，推动党中央的教育方针和决策部署在高职院校不折不扣落地落实是在当前的重要任务。

习近平总书记指出，“办好我国高等教育，必须坚持党的领导，牢牢掌握党对高校工作的领导权，使高校成为坚持党的领导的坚强阵地，这一点任何时候都不能有丝毫动摇”。在多年的实践中，浙江金融职业学院党委始终保持清醒和坚定，坚持和完善党委领导下校长负责制不动摇，坚持党委对学校的全面领导职责不缺位，努力做好各个时期党建工作不松懈，较好地发挥了党委的领导核心作用、党总支的政治领导作用、基层党支部的战斗堡垒作用和师生党员的旗帜榜样作用，推动了培养高质量人才、建设高水平团队、打造高品质学校等各项工作的进程，有力地支持和促进了学校各项事业健康品质发展。

浙江金融职业学院作为首批国家示范性高职院校、浙江省重点建设高职院校，办学 45 年来，以加强党的建设统领学校高等职业教育事业，培养了以中国证监会主席易会满为代表的一批杰出校友，被誉为“金融黄埔”“行长摇篮”。尤其是党的十八大以来，学校党委深入贯彻落实党的十八大精神、党的十九大精神和习近平新时代中国特色社会主义思想，以党的政治建设为统领，加强党对学校的全面领导，把抓好党建作为最大政绩，认真履行管党治党、办学治校主体责任，团结带领全体师生向创建中国特色高水平高职教育标杆校、一流高职教育、更高品质幸福金院、新时代全国展示中国特色高职教育重要窗口目标全力进发，并于2019年成功入选中国特色高水平高职学校建设单位。

（一）浙江金融职业学院的党建经验做法

多年以来，学校党委始终保持清醒和坚定，重视并加强学校党的建设，认真贯彻中共中央《关于加强党的政治建设的意见》和省委《贯彻落实〈中共中央关于加强党的政治建设的意见〉若干措施》，把党的政治建设摆在首位，严明政治纪律和政治规矩，提高政治站位，增强政治能力，使党员干部增强"四个意识"、坚定"四个自信"、做到"两个维护"的思想政治基础更加牢固。制定和完善相关管理制度，建立健全内部控制措施，促进学校治理体系和治理能力现代化。从加强学校领导班子自身做起，推进从严治党向纵深发展，从决策机制、监督机制着手，进一步落实学校党委党风廉政建设主体责任，自觉接受省纪委、省监委派驻省教育厅纪检监察机构监督，加强干部人才队伍建设，推进"清廉校园"建设，较好地发挥了党委的领导核心作用，院（系）党总支的政治领导作用，基层党支部的战斗堡垒作用和师生党员的旗帜榜样作用，并不断探索总结，形成了"五位一体"党风廉政责任体系、"党要管党、党抓发展、党主育人、党蓄队伍、党谋幸福"党的全面领导体系、党建工作"五个一"运行机制、"五型"党委班子建设、党员"五带头"等一批具有浙金院特色的党建工作理念和做法，党的建设成效明显，涌现出了一批成果，大力推动了培养高质量人才、建设高水平团队、打造高品质的学校各项工作的顺利开展，有力支持和促进了学校各项事业健康发展。

学校党委严格按照职能定位，对照落实《浙江省高校党建工作重点任务》、高校党组织“对标争先”建设计划、教师党支部书记“双带头人”培育工程、《中国共产党支部工作条例(试行)》、《中共浙江省教育厅委员会关于印发〈高校院(系)级单位党组织建设标准(试行)〉〈高校基层党支部建设标准(试行)〉的通知》和省委《关于深化推进新时代高校党建工作的意见的通知》等要求,努力做好党建工作不松懈,在校党委“六个过硬”、院(系)党总支“五个到位”、基层党支部“七个有力”上下功夫,积极发挥党委的领导核心作用、院(系)党总支的政治领导作用、基层总支部的战斗堡垒作用和师生党员的旗帜榜样作用,全力激发党建正能量,为推进培养高质量人才、建设高水平团队、打造高品质学校等提供了更有力的组织保障和发展支撑。浙江金融职业学院党委荣获首批全省高校党建工作“示范高校”培育创建单位;会计学院党总支荣获首批全省高校党建工作“标杆院系”培育创建单位;投资保险学院保险党支部荣获首批全省高校党建工作“样板支部”培育创建单位。三个基层党组织全部入选浙江省高校党建“双创”培育项目,也是全省入选仅有的2所高职院校之一。

1. 正确把握党委职责,履行党委总揽全局全面职责

在升格举办高等职业教育和高等职业教育大建设、大发展之际,在浙江金融职业学院党委正式成立之初,学校党委就清楚地认识到,学校要“打造百年品牌,实现基业长青”,必须确立健康品质发展模式,必须践行“特色鲜明、人民满意、师生幸福”的办学宗旨,必须坚持“学生为本、教师为基、校友为宗”的办学理念,建设好教师学生校友发展共同体,必须达成共识、凝聚力量、汇聚资源。实现这些目标和要求,必须构建强有力的领导体系。在中国共产党作为执政党的历史条件下,必须坚持党对高校的领导,实行党委领导下的校长负责制。

我们认为,高等学校要落实好《中国共产党普通高等学校基层组织工作条例》,实施好党委领导下的校长负责制,应该准确理解和把握党委职责。

第一，党要管党，从严治党。“打铁还需自身硬。”党委要发挥领导全面作用，必须把党组织自身建设好，把党的工作体系建设好。也就是说，管党务必从严，治党必须全面。

第二，党抓发展，科学和谐。“发展是党执政兴国的第一要务。”学校事业的发展方向、发展模式、发展政策自然应成为党委领导关心的重要内容。因此，党委要抓好科学决策、民主决策、程序决策，推动学校各项事业科学和谐、又好又快发展。

第三，党主育人，价值引领。党对学校的领导，要抓好政治和思想两方面。在学校，党对学校的领导，既包括党的路线方针政策的贯彻执行，也包括高校的办学方向、文化氛围和师生价值观的引领，还包括主流意识形态和核心价值观在学校的地位，必须坚持由党委主导，由党委来实施引领。

第四，党蓄队伍，凝心聚力。办好中国特色社会主义学校，必须打造一支高素质高水平师资队伍和高素质专业化管理队伍，必须坚持党管干部、党管人才的原则，充分调动两支队伍的智慧、热情和创造性、积极性，积蓄并发挥教书育人、科学研究、社会服务、文化传承创新的正能量。

第五，党谋幸福，师生至上。“人民对美好生活的向往，就是我们的奋斗目标。”要落实这一理念，我们必须把师生幸福作为办学的重要宗旨和目标，凝心聚力，把带领全校师生员工，以共同建设和谐幸福的社会主义高等学校作为党委领导成效的落脚点，履行好党委的各项职责。

2. 科学设计党建体系，发挥党的各项工作正能量

要发挥好党委的领导作用，必须加强党的工作体系建设。学校党委正在积极构建“三化五体系”，全面落实新时代党的建设总要求。

(1)“三化”。

一是党的建设体系化。从高职院校特点出发,科学构建“五位一体”党建工作体系,即“学校党委要成为一个科学发展的决策集体,院(系)党总支要成为一个开放育人的领导集体,基层党支部要成为一个创新创业的战斗集体,一个教师党员要成为一面教书育人的旗帜,一个学生党员要成为一个成才成长的榜样”,并认真加以落实,体系化建设有力推动了全面从严治党从党委到基层到党员的层层落实。

二是党的领导功能化。学校党委抓住核心要求和主要任务,重点履行“党要管党、从严治党,党抓发展、科学和谐,党主育人、价值引领,党蓄队伍、凝心聚力,党谋幸福、师生至上”五大职能,既保证了党委抓大局做决策,同时又推动了党委领导下校长负责制更好落实。

三是党风廉政建设常态化。不断健全落实党委主体责任、纪委监督责任、党委书记第一责任、分管领导一岗双责、班子成员齐抓共管的“五位一体”责任体系,实现党风廉政建设始终保持常态。

(2)“五体系”。

一是按“五型”要求加强领导班子建设。按照“忠诚、为民、担当、干净、务实、创新”的要求,努力把党委班子建设成为“忠诚担当型、学习研究型、开拓创新型、勤勉洁廉型、服务示范型”的“领头雁”。

二是构建好“五位一体”党风廉政工作体系。落实好党委主体责任,构建“党委主体责任,党委书记第一责任,纪委监督责任,分管领导一岗双职责任和党委班子齐抓共管责任”工作体系,切实抓好党风廉政建设。

三是坚持“五政”同构、“五风”同建。坚持勤政、廉政、俭政、善政、优政“五政”同构,着力保证党风、改进政风、提升教风、引领学风、优化校风“五风”同建。

四是推进“五清”建设、“五廉”并重。推进以清纯党风、清明政风、清净校风、清正教风、清新学风为抓手的清廉校园建设,做到党政重廉、监督促廉、制度固廉、教育启廉、文化润廉。

五是深入在教师党员中开展“五带头”活动。充分发挥教师党员在各项工作中的先锋模范作用，“敬业爱校我带头、教书育人我带头、改革创新我带头、廉洁自律我带头、和谐建设我带头”活动，让党旗在教书育人、管理育人、服务育人中高高飘扬。

六是注重学生在“五个方面”发挥带头作用。真正把党旗树在学生成长发展前沿，“尊师爱校我带头，勤学苦练我带头，社会实践我带头，公益服务我带头，创新创业我带头”，以党建带团建，培养中国特色社会主义合格建设者和可靠接班人。

（二）学校下一步党建工作思考

新时代学校党建工作必须要有担当有作为。中国特色高水平高职学校和专业建设计划（以下简称“双高计划”）的重要定位决定了必须正确把握新时代党建工作的总要求，充分体现和切实加强党的领导。加强党的建设，高举旗帜、固本强基，建设全国高职院校党的建设新标杆——这是浙江金融职业学院党委在“双高”学校建设中立下的重要目标任务，承担着为推进学校高水平建设和高质量发展提供坚强政治保证、思想保证和组织保证的光荣使命。

1. 完善党的全面领导体系，坚定党的领导是学校各项工作主心骨

以习近平新时代中国特色社会主义思想武装头脑、指导实践、推动工作，坚持以党的政治建设为统领，完善“党要管党、党抓发展、党主育人、党蓄队伍、党谋幸福”党的全面领导体系，落实党委领导下的校长负责制，巩固“不忘初心、牢记使命”主题教育成果，充分发挥党组织在学校的领导核心和政治核心作用，牢牢把握社会主义办学方向，扎根中国大地，办人民满意的高职教育。一是加强自身建设，把党委班子建设成为“忠诚担当型、学习研究型、开拓创新型、勤勉廉洁型、服务示范

型”的领导集体；加强师生党员队伍建设，突出党员在学校事业中的地位与作用，做到“中青年学术带头人以党员为主体，青年骨干教师党员有较大比重，三优秀先进个人党员为多数”。实施“五政五风五廉”党风廉政建设工程，强化“廉政、勤政、俭政、善政、优政”“五政同构”，推进“党风、政风、教风、学风、校风”“五风同建”，实现“党政重廉、人人践廉、教育启廉、制度固廉、文化倡廉”“五廉同进”，持之以恒正风肃纪，深入推进清廉校园建设。二是以全面建设更高品质幸福金院为发展目标，团结和带领全校师生一心一意谋发展，同心同德干事业。三是成立育人工作专门领导小组，把党建工作贯穿育人全过程，以“千日成长工程”为抓手，整合全体师生员工和校友力量，将主要精力、主要财力、主要资源投入到育人工作和环节。四是坚持“倚重教师德才、尊重教师个性、注重教师发展”理念，“爱、育、引、留、用”多措并举，建设忠诚干净担当的高素质教师和管理队伍。五是建立“青年教师金翅膀、中年教师金台阶、老年教师金降落伞”的“三金”机制，为师生创造和谐幸福的学习、工作、生活环境，千方百计为师生谋幸福。

2. 构建协同复合式思政新格局，守好意识形态主阵地

将教书与育人、党建与育人、实践与育人、文化与育人、环境与育人、校友与育人有机结合，形成“全心、全员、全程、全面、全体、全景”协同复合式思政新格局，将社会主义核心价值观、理想信念教育内容融入各专业课程标准及教学之中，使思想政治理论课与专业课有机结合，实现思政课程和课程思政同向同行，形成协同效应，培养中国特色社会主义建设者和接班人。

健全党委统一领导、党政齐抓共管、职能部门分工负责的意识形态工作体系，压紧压实意识形态工作责任制，牢牢把握宣传思想工作的正确导向，加强课堂和各类思想文化阵地的建设管理，推进全媒体融合，营造风清气正的网络空间，引导广大师生树牢“四个意识”、坚定

"四个自信"、坚决做到"两个维护"。进一步加强省重点马克思主义学院和省中国特色社会主义理论体系研究中心研究基地建设，努力建成习近平新时代中国特色社会主义思想在浙江实践的宣传研究的高职重镇。

3. 实施"六位一体"教育工程，畅通"三进"主渠道

实施"系统设计、师生同修、专题定制、线上线下、立体实践"教育工程，不断推进习近平新时代中国特色社会主义思想进教材进课堂进头脑。实施思想政治理论课建设"一把手工程"，加强顶层设计和组织领导。持续开展"全校师生同修三门思政理论课"活动，推行"小班化"教学，"小班化"比例达 80％以上；实施和深化专题教学改革，开发并应用思想政治理论课信息化教学平台，实现线上线下教学互通的课程形成性考核模式；组建"习近平新时代中国特色社会主义思想"学生骨干班，每年组织师生前往井冈山、遵义、嘉兴、南京等红色基地开展"革命旧址讲新课""革命理想高于天"等主题实践教育活动，构建重点突出、层次分明、全员覆盖、师生同育的多点、多层面的立体化教育体系。

组建马克思主义理论学科建设指导委员会，大力推进全国高职院校首家马克思主义学院建设，充分利用教育部和浙江省思想政治理论课名师工作室的平台，打造 1—2 名全国有影响力的思想政治理论课名师，举办每年一届的全国高职院校马克思主义学院院长论坛，发挥学校在高职马克思主义学院建设方面的引领示范作用。

4. 深化"五个一"党建工作机制，建强各级党组织主力军

深化"学校党委是一个科学发展的决策集体、院系党总支是一个开放育人的领导集体、基层党支部是一个创新创业的战斗集体、教师党员是教书育人的一面旗帜、学生党员是成长成才的一个榜样"的"五个一"党建工作机制，按照"对标争先"建设要求，全面实施党建工作标准化建设，将党的建设与学校事业发展同部署、同落实、同考评。深入实施基层党建质量提升计划，“把优秀党员培养成专业（学术）带头人，把专业（学术）带头人培养成优秀党员，把党内骨干尤其是支部书记培养成中层干部，把学校教学管理骨干培养成支部（总支）书记”的两个“双培工程”，彰显党组织书记和党员的“头雁效应”。继续开展党员教师“敬业爱校我带头、教书育人我带头、改革创新我带头、廉洁自律我带头、和谐建设我带头”活动，充分发挥教师党员在各项工作中的先锋模范作用。以政治建设统领党建带群建，强化群团组织思想政治工作，在学生党员中开展“尊师爱校我带头，勤学苦练我带头，社会实践我带头，公益服务我带头，创新创业我带头”，为建设新时代中国特色高水平高职学校提供坚强的组织保证和人才保障。

提高党的建设质量，是习近平总书记着眼于永葆党的先进性和纯洁性，顺应新时代党的建设总要求提出的重大课题。浙江金融职业学院党委将深入学习贯彻习近平总书记关于教育和高校党的建设重要论述和重要指示批示精神，学习贯彻习近平总书记浙江考察重要讲话精神，认真落实党的十九届四中全会和浙江省省委、浙江省教育厅党委有关决策部署，巩固拓展“不忘初心、牢记使命”主题教育成果，全面开展学校“抓院促系、整校建强”铸魂行动，实施“喜迎建党百年、争创光辉业绩”行动计划，进一步深化推进新时代学校党建工作，为把学校建设成为新时代中国特色高水平高职学校重要窗口贡献党建力量。

深化"书证融通"模式改革，形成财经类人才培养新范式

孔德兰　王玉龙
（浙江金融职业学院）

《教育部 财政部关于实施中国特色高水平高职学校和专业建设计划的意见》（教职成〔2019〕5号）明确提出了"双高计划"的总体要求、改革发展任务及组织实施办法，其中特别强调了"双高计划"要以习近平新时代中国特色社会主义思想为指导，集中力量建设一批引领改革、支撑发展、中国特色、世界水平的高水平高职学校和专业群，具体提出了"双高计划"改革发展的十大任务，即"一加强、四打造、五提升"，其中把"打造技术技能人才培养高地"，放在"四打造"之首，可见深化人才培养模式改革、提高人才培养质量是中国特色高水平学校建设的重要内容和关键部分，是推动高水平学校高质量发展的主要抓手。

一、打造技术技能人才培养高地的重要性

人才培养是高职院校组织各项教学活动的出发点和落脚点。中国特色高水平高职学校作为新时期我国高等职业教育高质量发展的示范者、引领者，深化人才培养模式改革，提高人才培养质量，是发挥高等职业教育作为教育类型的内在要求，是服务行业企业发展的重要内容，将中国特色高水平高职学校打造成技术技能人才培养高地是职业院校发展的契机，是新时代的新要求。这需要高职院校进一步全面落实立德树人根本任务，深化教学改革与创新，营造职业教育教学文化，不断提高人生培养质量，探索高等职业教育人才培养新范式。

（一）人才培养是高职院校的首要任务

随着国家对职业教育的重视，行业企业的快速发展，高等教育普及化阶段的到来，特别是党的十九大报告指出“完善职业教育和培训体系，深化产教融合、校企合作”后，国家发布了一系列的改革措施，开展了一系列的计划项目，我国职业教育正迎来黄金发展期，这为高职院校人才培养工作提供了新机遇，提出了新要求。人才培养目标的实现是高职院校有计划、有目的组织教学资源的结果，通过教学资源在育人过程中的配置，实现学生专业知识、职业技能等的提升。从组织的功能来看，人才培养是高职院校其他职能衍生的基础，没有了高质量、高水平的人才培养，高职院校社会服务、科学研究、文化传承等职能都将难以彰显。人才培养目标的实现依赖学校教学活动的计划、组织、实施、评价、反馈，其中人才培养目标最终指向的是学生参与学习活动后在知识与技能、态度与情感、方法与能力等方面的变化。推动教育教学改革与产业转型升级衔接配套，发挥教师的育人能力，开发学生的学习潜能，把教材体系、教学体系有效转化为学生的知识体系、价值体系，为促进学生成长成才提供了重要保障，为国家开发人力资源提供了有利条件。可见，落实立德树人根本任务，深化教师、教材、教法改革，提高人才培养质量，是高职院校培养高素质技术技能人才的重点，是高职院校内涵发展必须花大力气解决好的关键。

（二）人才培养是服务发展的重要内容

伴随着改革开放，我国的经济社会获得了快速发展，各项事业取得了长足进步，我国经济体量已经跻身世界第二。在国际经济环境发生深刻变化、国内社会主义市场经济体制不断完善的背景下，我国经济已经由高速增长阶段转向高质量发展阶段，这对高素质技术技能人才提出了更高要求。一是新一轮工业革命正悄然发生。随着信息技术的迅猛发展，互联网、大数据、区块链、5G等技术正广泛地应用在社会生产、经营、管理、服务等诸多领域，正深刻地影响着经济发展方式。劳动密集型、资源型等粗放式发展方式正向创新型、知识型、技术型发展方式转变，加快产业转型升级，优化经济结构，激发创新动能，成为我国经济高质量发展的关键。二是劳动力市场格局发生变化。经济形态的变化对我国劳动力市场产生影响：一方面，信息技术使得各行各业在组织形式上呈现新的样态，出现了生产的智能化、管理的现代化、产品的个性化等特征，这对劳动者的素质提出了更高的要求；另一方面，随着我国进入人口老龄化社会，劳动力短缺的问题越来越突出，劳动密集型产业受到的冲击更加明显，机器换人成为必然，高度的机械化、智能化需要劳动者具备机器维护、数据分析、问题诊断等高层次的能力。三是国际经济竞争与合作。随着经济全球化的发展，如何参与国际分工已经成为世界各国面临的挑战，特别是金融危机以来，我国经济对全球经济增长的拉动作用不断增强，正由世界经济产业链中低端向高端迈进，这要求培养具有国际视野，能够参与国际竞争的高素质技术技能人才。

（三）人才培养是“双高计划”的题中之义

人才培养是高水平高职学校建设的中心工作，是组织实施教育教学活动的起点和归宿。以大数据、人工智能、互联网为主的新一轮技术变革和产业革命，导致技术技能人才的需求结构与培养规格发生根本性变化。在传统产业与企业岗位基础上建立起来的人才培养体系难以适应“新技术、新产业、新业态”的新需求。在新职教背景下，“双高计划”建设院校需要推进“三教”改革，健全德技并修、工学结合育人机制，依托高水平专业群建设项目，建设内容强调校企共同研究制订人才培养方案，及时将新技术、新工艺、新规范纳入教学标准和教学内容。利用现代学徒制、1＋X证书制度试点等项目深化人才培养改革，组建教师教学创新团队，探索教师分工协作的模块化课程，对接区域人才需求，服务产业转型升级。对接多样化生源，因材施教，推进学生学业综合评价改革，建立校级学分银行，健全学分积累及转换制度，对接岗位职业技能要求，打造高水平专业体系、教学体系、教材体系、管理体系，建设模块化课程，注重学用相长、知行合一，着力培养学生的创新精神和实践能力，增强学生的职业适应能力和可持续发展能力，培养产业急需、技艺精湛的高素质技术技能人才。

二、打造技术技能人才培养高地的政策解读

“双高计划”明确指出了中国特色高水平高职学校和专业建设的指导思想、基本原则、总体目标，并阐述了改革十大任务，对每一项任务均有明确的阐述。就“打造技术技能人才培养高地”而言，主要有德才兼备、以德为先的基本要求，工学结合、知行合一的人才培养机制，五育并举的人才培养重点，把培养工匠精神作为新要求，积极探索复合型技术技能人才培养之路，着力培养一批特色特长的技术技能人才等六个方面的内容，旨在在全面提高质量的基础上，着力培养一批产业急需、技艺高超的高素质技术技能人才。

（一）德才兼备、以德为先的基本要求

“双高计划”明确指出，要“落实立德树人根本任务，将社会主义核心价值观教育贯穿技术技能人才培养全过程”。我们认为，这是“双高计划”任务的重中之重、要中之要，习近平总书记曾经多次强调，我们的高等教育必须在中国共产党领导下，扎根中国大地办学，培养中国特色社会主义建设者和接班人。习近平总书记同时强调，我们的高等教育要坚持为人民服务，为中国共产党治国理政服务，为巩固中国特色社会制度服务，为改革开放和社会主义现代化建设服务。这实际上就

是立德树人中的德，要求我们培养的学生真正做到德才兼备、以德为先，有道是：有德有才是正品，有德无才是次品，无德无才是废品，无德有才是毒品，我们要努力培养德才兼备的佳品，这是我们提出培养中国特色社会主义的建设者和接班人和实现四个服务中最为重要的。因此，我们要求培养的学生明大德、守公德、严私德，在政治品德、社会公德、家庭美德、职业道德等方面全面发展，只有树立起良好的德，才能真正成为人，成为中国特色社会主义的建设者和接班人。

要真正把立德树人落实好，必须注重培育和践行社会主义核心价值观。习近平总书记在多次讲话中强调培育和践行社会主义核心价值观的重要性。2014 年 2 月 17 日，习近平总书记在中央党校省部级领导干部学习贯彻党的十八届三中全会精神全面深化改革专题研讨班开班上的讲话，主要讲全面深化改革的总体目标，但他明确了实现这个目标有一个前提条件，就是要培育作为社会最大公约数的社会主义核心价值观。在 2014 年 2 月 24 日中共中央政治局集体学习的会议上，习近平总书记又发表了一个讲话，围绕核心价值观的培育和践行问题提出了四个要点即核心价值观是文化软实力的关键，培育和弘扬社会主义核心价值观必须立足中华民族优秀传统文化，必须把社会主义核心价值观贯穿于社会生活的方方面面，发挥政策导向作用，使经济、政治、文化、社会等方方面面都有利于社会主义核心价值观的培育，习近平总书记的讲话明确了培育和践行社会主义核心价值观的要求，高职院校要培养社会主义建设者和接班人。我们要争创中国特色高水平高职学校，就必须按总书记的要求提高站位，切实把社会主义核心价值观教育贯穿人才培养全过程和各方面。正像习近平总书记在 2014 年 5 月 4 日在与北京大学师生座谈时讲的那样，富强民主文明和谐、自由平等公正法治、爱国敬业诚信友善，传承着中华优秀传统文化的基因，意味着近代以来中国人民上下求索、历经千辛万苦确立的理想和信念，也承载着我们每个人的美好愿景，我们要在全社会牢固树立社会主义核心价值观，通过持之以恒的奋斗，把我们的国家建设得更加富强、民主，更加和谐、美丽，让中华民族以更加自信、更加自觉的姿态屹立于世界民族之林。对此，我们必须铭记在心，落实于行动中，把培育和践行社会主义核心价值观贯穿于全过程，打牢人才培养的理想信念和价值观基础。

（二）工学结合、知行合一的人才培养机制

《国家职业教育改革实施方案》第三部分明确强调，促进产教融合、校企双元育人，其中核心的是坚持知行合一、工学结合。“双高计划”在关于技术技能人才培养高地建设第二部分也明确强调，坚持工学结合、知行合一，加强学生认知能力、合作能力、创新能力和职业能力培养，这二者是高度一致和契合的。关于高职教育的人才培养模式，早在2014年10月习近平总书记关于职业教育的重要指示中就有明确强调。习近平总书记指出，职业教育是人力资源开发的重要组成部分，是国民教育的重要组成部分，是广大青年打开成才成长通道的重要环节，要坚持服务发展促进就业的方针，要坚持产教融合、校企合作，坚持工学结合、知行合一。四个合的办学模式和人才培养机制是高职教育的重要特征，其中产教融合是一个总理念、总要求，校企合作是一个办学模式，工学结合是人才培养的路径，知行合一应该是人才培养的基本要求。为此，国务院办公厅已于2017年专门印发了《关于深化产教融合的若干意见》，进一步阐述了创新链、产业链、人才链、教育链之间的关系，并就深化产教融合、推进校企合作、实现工学结合、培养知行合一的毕业生做了制度规定，在新一轮职业教育改革的大棋中，根据党中央国务院的决策部署，国家发改委和教育部门联合发布了《建设产教融合型企业实施办法（试行）的通知》，旨在为推进产教融合，为深化新一轮职业教育改革提供了保障。应该说，推进产教融合、校企合作的环境和氛围已经形成，推进工学结合，培养知行合一的毕业生的有利

因素也在不断增加，高职院校尤其是中国特色高水平学校建设单位，必须抓住有利条件，在探索建立工学结合机制上下功夫，在培养知行合一的毕业生上出成效、出经验、做表率。当然，我们也清晰地懂得，知行合一是一个抽象的概念，必须体现在价值、知识、素养和能力等方面，其中认知能力、合作能力、创新能力和职业能力是最为重要的彰显点。

（三）五育并举的人才培养重点

“双高计划”明确强调，要加强劳动教育，以劳树德、以劳增智、以劳强体、以劳育美，这是对劳动教育的最新要求，实际上这也是对我国教育方针的最新诠释。关于人才培养，中华人民共和国成立以来，我们曾经有过多种表述，从培养德智体全面发展的社会主义建设者和接班人，到德智体美全面发展的社会主义建设者和接班人，这种变化是一个过程，强调了美育和审美。在 2018 年 9 月 10 日全国教育大会上，习近平总书记明确提出要培养德智体美劳全面发展的中国特色社会主义建设者和接班人，特别强调了加强劳动教育的重要性，其中关于“以劳树德、以劳增智、以劳强体、以劳育美”的思想十分清晰，我们一定要坚决贯彻落实。我们认为，在五育中，德育是实现全面发展的目标的保证，对其他各育起着灵魂和指导的作用；智育是授予学生系统的科学文化知识、技能发展、学生智力的教育，是全面发展的基础；体育是授予学生健身知识、技能、发展学生身体素质和运动能力，增强他们体质的教育，而增强体质是一生健康的基础；美育是培养学生正确的审美观点以及感受美、理解美以及鉴赏美的知识和能力；劳动教育是培养学生正确的劳动观点，养成良好劳动习惯的教育，让学生参加一定的劳动，可以促进学生养成良好的道德品质。在新的历史条件下，对教育尤其是职业教育而言，劳动教育尤需特别加强。

(四)把培养工匠精神作为新要求

《国家职业教育改革实施方案》第三条推进高等职业教育高质量发展第一款明确指出，要把发展高等职业教育作为优化高等教育结构，培育大国工匠和能工巧匠的重要途径，这实际上是明确了新时代发展高等职业教育的重要使命。如果说，职业教育主要是培养技术应用或实用技能的教育，初等职业教育主要是解决好一般性和专业性技能人才需求，而高等职业教育之高应表现在多个方面：其中一高就是技能之高，技能之高的直接目标就是大国工匠和能工巧匠，而培养大国工匠和能工巧匠的前提就是要培育学生的工匠精神。关于工匠精神，现在尚有不同解释。有人认为，所谓工匠精神就是要立足于持续专注地把一件事做好，并努力做到极致。这里面，全面、持续和专注十分重要，其首先表明要敬业爱岗、忠于职守，要刻苦钻研、精益求精，要甘于寂寞、乐于奉献，要有十年磨一剑、板凳坐得十年冷的品格。“双高计划”文件中，明确要求引导学生养成“严谨专注、敬业专业、精益求精和追求卓越”的品格，我以为这十六字表述了工匠精神的内涵，我们既要诠释好，更要找到更为扎实和有效的路径。现在，一些学校采用大师进校园、劳模进校园，或建立大师工作室、劳模工作室的方法，既有利于推进校企合作，实现工学结合、加深产教融合，也有利于培养知行合一的毕业生，对培养工匠精神具有十分重要的促进作用，“双高计划”建设学校和专业群在这方面一定要积极探索，务必有更大成效。

(五)积极探索复合型技术技能人才培养之路

关于高等职业教育人才培养的目标，我们曾经有过不同表述，在《国家教育事业发展第十二个五年规划》中，曾经明确培养复合型、发展型、创新型技术技能人才。我们认为，这也是高职之高的重要内涵之一，复合型在许多场合可以解释为一专多能或被理解为“T”形智能结构。以今天的视角，我们也可以理解为具备学历证书＋若干技能型等级证书的毕业生。关于这一点，《国家职业教育改革实施方案》明确强调，要借鉴国际职业教育培训普遍做法，制订工作方案和具体管理办法，启动 1＋X 证书制度试点工作，试点工作要进一步发挥学历证书作用，夯实学生可持续发展基础，鼓励院校学生在取得学历证书的同时，积极取得多类职业技能等级证书，拓展就业创业本领，缓解结构性就业矛盾。这既明确了复合型人才培养的目标和方向，也进一步阐释了高等职业教育培养复合型技术技能人才的意义。目前，1＋X 证书试点工作已经开始，“双高计划”学校和建设专业必须率先带头，在这方面有新的作为。当然，培养复合型技术技能人才，不仅是专指 1＋X 证书，构建专业群的目的，也要有利于复合型人才的培养，我们要充分利用一切可能条件，让学有余力的同学朝复合型方向发展，使其更具创新力，更具发展性。

（六）着力培养一批特色特长的技术技能人才

“双高计划”文件明确指出，在全面提高质量的基础上，着力培养一批产业急需、技艺高超的高素质技术技能人才。我们以为，“双高计划”文件写上这样的语言，是有其智慧和内在逻辑的，对此，我们一定要有科学的理解和把握。首先，必须建立在全面提高质量的基础上。这就是说，作为大众化的高等职业教育，必须面向大众，必须面向全体；作为“双高计划”建设项目，必须面向全体学生，体现教育公平，必须以提高人才培养总体质量、全面质量作为基本要求。其次，要致力于培养产业急需、技艺高超的高素质技术技能人才，它要求我们根据产业发展适时调整和增加优化专业方向，以适应产业新发展、快发展、产业高端和高端产业的人才培养，因此，研究产业、适应产业、从而优化专业设置和调整方向是十分重要的。与此同时，要培养技艺高超的高素质技术技能人才，这实质上为我们在研究实践高等教育大众化乃至普及化背景下实施推进精英化培养指明了方向和道路，既要保证一般和基础，也可以考虑特长和特色。关于这一点，浙江金融职业学院近十年来设立的银领学院、淑女学院及其君子班，各二级学院开展的订单班、特长班及其学术社团和技能社团就是很好的范例，我们需要积极探索，并在“双高计划”实施中取得更大成效。

三、打造技术技能人才培养高地的金院方略

浙江金融职业学院以全课程育人为抓手，实施社会主义核心价值观引领工程，构建“一二三课堂”融通的素质课程体系，实施好以明理课程为特色的第一课堂，以社团活动为主的第二课堂，以社会实践为主的第三课堂，依托明理学院、淑女学院等特色素质教育学院，全面提升学生综合素质，创新财经类专业劳动教育载体，传承“零差错”的金院匠心。以 Web 前端开发、智能财税、网店运营推广等试点工作为引领，校企联合开发一批职业技能等级证书模块化课程，深化“书证融通”模式改革，推进高水平银领学院，形成财经类人才培养新范式，打造技术技能人才培养高地。

（一）推进全课程育人，落实立德树人根本任务

1. 全面提升学生综合素质，促进学生优质成才

浙江金融职业学院以全课程育人为抓手，实施社会主义核心价值观引领工程，开展“课程思政”教学设计，将其理念、目标、内容融入专业人才培养全过程。根据不同年级、不同专业、不同课程进行分层分类教育引导，明确各年级在全课程育人过程中的职责定位，推进课程思政，优化课表、抓实课程、做好教案、搞活课堂、丰富课余、发展课外。依托明理学院、淑女学院等特色素质教育学院，构建“一二三课堂”融通的素

质课程体系，实施好以明理课程为特色的第一课堂，以社团活动为主的第二课堂，以社会实践为主的第三课堂，完善素质养成学分制度，提升学生服务他人、有效沟通、积极聆听等专业核心素养，促进学生品德优化、专业深化、能力强化、形象美化。

2. 完善素质教育载体，引领学生千日成长

依托学校千日成长工程，实施星耀金院精英人才培养工程，实施名企实习、国内第二校园经历、国际化提升等计划，设立校长奖学金。升级改造浙商学生发展中心，建成集政治理论学习、师生交流交互、自学助学休闲、公共演讲中心、君子学堂于一体的明理实践中心，学生创新创业、就业指导、职业发展指导中心，学生阳光心育中心，智慧思政和学工中心，建设中央书苑，建成沉浸式学生素养培育平台。推进学生社团村建设，加快方格本智汇工场建设，开展美丽校园提升计划、金葵花艺术中心功能提升计划、德育生活化工程，引进高雅艺术进校园，搭建千日成长素质养成智慧化平台，建设多功能一体的社区综合服务中心。

3. 构建“教学研创”一体化实践教学机制，提升学生职业能力

各专业群对接智能时代产业发展新技术、新工艺、新规范，实施学生职业能力提升工程。坚持工学结合、知行合一，引企入校，建设浙商银行总部客服中心、税友衡信云会计财务共享中心等“教学工厂”，将“教学研创”融为一体，促进学生在做中学、学中做，开展师生合作研究项目、新苗人才计划项目、“挑战杯”创新创业竞赛等，以研究项目为支撑，让更多学生通过高水平研究项目强化技术技能与创新能力培养，构建重点突出、层次分明的实践教学体系。

4. 完善创新创业服务体系，激发学生创造活力

依托省级示范笃行创新创业学院，实施“八个一”学生创新创业服务体系，即搭建一个运行平台、开发一系列课程、打造一支导师队伍、建好一个实践场所、开发一系列实践项目、探索一种培养体系、完善一套保障制度、营造一种文化氛围。推进创新创业教育实践基地建设，构建创新创业综合实训平台，营造跨专业“虚拟商业社会环境”；完善创新创业孵化基地功能，投入学生创业扶持基金，构建学校创客联盟，激发学生创新意识，提高学生创业能力。

（二）创新财经类专业劳动教育载体，传承“零差错”的金院匠心

1. 加强劳动教育，创新多样化教育载体

推行全员技能训练，发挥“国家级—省级—校级”三级职业技能大赛、“金手指”技能班等作用，挖掘技能训练背后的劳动精神；推行全员志愿服务，学生按照志愿服务 4 次/年或 16 时/年走进社区乡村，开展防金融诈骗、反假币、义工等志愿服务，培养学生服务他人的劳动情怀；推行全员社会实践，构建体验式劳动教育载体，开展新生始业教育、专业社会实践、大学生“三下乡”等活动，让学生感受劳动实践的魅力，因地制宜开展劳动教育，通过劳动教育促进学生工匠精神养成。

2. 养成高标准职业素养，传承“零差错”金院匠心

践行“披沙拣金、融会贯通”校训，传承“零差错”金院匠心，养成严谨细致、团队合作、忠诚度高的优良品质，将精益求精、追求卓越的工匠精神贯穿人才培养的全过程。以劳动模范进校园等为切入点，持续开展学生访校友、校友回课堂、校友话人生、校友上讲坛等系列活动，完善优秀校友担任学生职业导师制度，构建财经类技能水平荣誉体系，引领“劳动光荣、技能宝贵、创造伟大”的时代风尚。

（三）开展 1+X 证书制度试点，培养财经类专业复合型人才

1. 依托七大专业群，开展 1+X 证书制度试点

以金融管理、国际贸易实务两个国家高水平专业群为龙头，高标准推进投资保险、会计、工商管理、信息技术、文秘等专业群建设，探索

基于专业特色的人才培养培训模式。学校成立职业技能等级证书领导小组,制定职业技能等级证书管理办法,提供政策、制度、资金保障等。组建各专业群职业技能等级证书工作组,聚焦工作开展教师培训,组织七个专业群开展职业技能等级证书试点工作,按照证书培训体系及要求修订专业人才培养方案。组织骨干教师团队参与开发专业对应的职业技能等级证书和标准、教材和学习资源,成为职业技能等级证书授权培训和考核站点。

2. 对接岗位职业技能要求,构建模块化课程体系

按照初级、中级、高级的职业技能等级证书层级,以 Web 前端开发、智能财税、网店运营推广等为试点,校企联合开发一批职业技能等级证书模块化课程,使教学内容制度化、常态化,强化典型工作任务考核,实现专业课程岗位化、证书化,提高学生综合运用知识分析问题、解决问题的能力,更好地服务发展、促进就业。帮助学生制订科学合理的学习目标,即初级证书必须通过,中级证书努力通过,高级证书争取通过,鼓励学生毕业时能够取得 1 个以上职业技能等级证书。

3. 实施学分制改革,促进学生个性化学习

以高水平专业群建设相关专业为试点,对接多样化生源,因材施教,推进学生学业综合评价改革,建立校级学分银行,健全学分积累及转换制度。修订学校全日制学生学分制管理办法及学籍管理办法,深化教育教学改革;制订学校职业技能等级证书学分认定转换办法,发挥职业技能等级证书的评价功能;完善学生创新创业实践学分认定与替代管理办法,鼓励学生创新创业实践;引导学生参加第二、三课堂,将学科(技能)竞赛、职业资格证书、课题研究、专利研发、企业兼职等成果纳入学分认定和转换,建立学生动态学籍管理制度,满足学生个性化发展,争取人人成才、人人出彩。

(四)建设高水平“银领学院”,培养财经领域一流的技术技能人才

1. 建设银领学院,构建财经类知识型、技能型、创新型技术技能人才培养培训体系

以能力提升、实践创新为导向,联合行业企业共同开发职业培训包。面向校内学生,实施“财经卓越人才培养计划”,选拔优秀学生进入银领学院,针对金融管理、投资保险、会计、工商管理等专业群,组建“未来行长班”“理财经理班”“家族财富管理班”“门店经理班”等财经卓越人才特色培训班,培养高水平财经类复合型技术技能人才。面向行业企业员工,开展“财经拔尖人才培训计划”,以学校优质教育资源和信息化学习环境建设为基础,以财经领域员工实际问题和成长需求为重点,帮助学员制订个性化的学习计划,构建实践导向的培训模式。

2. 对接现代金融高端人才需求,探索金融管理专业群相关专业本科层次职业教育试点

面向现代金融产业转型升级,以金融管理专业群为试点,构建贯通式长学制人才培养模式,开展本科层次职业教育的探索和研究。对照国家资历框架,设计前后贯通的学业规划,在3年中职专业教育基础上,为中职考入我校学生提供贯通式的专业课程,开设金融科技、风险管控、金融产品设计等模块化课程,通过专业教学、实习实训、导师辅导等方式,帮助学生获得与岗位要求相适应的能力,获得更高水平职业技能等级证书,助力学生终身学习和可持续发展。

聚焦金融科技与跨境电商，铸就高水平技术技能创新服务新平台

戴小红
（浙江金融职业学院）

一、打造高水平技术技能创新服务平台项目的重要性

打造高水平技术技能创新服务平台，是中国特色高水平高职学校和专业群建设计划的改革发展任务，是“双高计划”建设两大支点之一（教育部、财政部印发的《教育部 财政部关于实施中国特色高水平高职学校和专业建设计划的意见》，以下简称“双高计划”）。这既是高职院校对接科技发展趋势、支撑产业发展、培养人才的客观需要，也是高职院校补齐应用技术创新的短板、提升技术技能服务能力的内在要求。一般来说，高职院校技术技能研发能力相对较弱，在新的历史发展阶段，随着科技日新月异发展，针对如何准确把握我国经济由高速发展向高质量发展转变的重大机遇，瞄准区域战略产业、支柱产业转型升级需求，建好协同创新中心平台[《2011 协同创新中心建设发展规划》（教技〔2014〕2 号）]，强化技术技能积累与创新，切实提高服务经济高质量发展的能力和水平，本研究具有重大的现实、历史意义。

（一）高水平技术技能创新服务平台建设是彰显职业教育类型特色的一项重要举措

高职院校“双高计划”方案制订注重发挥学校自身优势，对接科技发展趋势和区域行业企业发展。

入选“双高计划”高校的门槛决定了入选学校在某一专业领域具有龙头示范作用，彰显出其有能力对接行业产业和区域经济发展的优势。高职院校能够发挥其在技术技能积累和创新上的优势，一般体现为：一方面，可以把技术攻关、专利成果转化为落地产业，孵化中小微科创类高新企业，提升产业发展质量；另一方面，可以参与到中小微企业的发展中，通过新产品开发和技术转移，提供技术攻关和技能培训服务，解决企业行业和产业发展的人员不足、创新能力不足等问题。所以，从功能上看，技术技能创新服务平台对企业行业和产业发展起到了积极的赋能作用。

（二）技术技能创新服务平台建设是专业群深化产教融合、校企合作的重要途径

通过协同创新平台打通政产学研用合作通道，高职院校专业群与行业企业能够实现深度合作，实现优势资源互补，构建产教融合型技术技能创新服务体系。

技术技能创新服务平台突出“平台中介”功能，为校企提供对接的舞台，嫁接产业与高职院校、企业与专业群之间的关系。产业需求是“原动力”，行业企业需要是“立足点”，人才培养是“基本点”。从宏观层面上来看，高职院校技术技能型人才培养的最终归宿是服务中小微企业成长，推动中小微企业创新发展，助力产业转型升级，推动区域经济高质量发展。归根到底，企业成长和产业转型升级依赖于技术技能型人才，通过组建技术技能创新服务平台，刚好起到了有效嫁接校企合作的功能，推动产教融合的深化。从微观层面来看，技术技能创新服务平台依托区域主导产业、优势产业和基础产业，通过平台导入企业、行业、产业最新发展方向、市场需求动态，服务于教师、学生成长，为推进课堂革命、实施有效教学、开展现代学徒制等提供有效的平台载体，实现人才培养与技术技能创新的深度互动。

（三）技术技能创新服务平台建设是高素质技术技能人才培养的重要保障

通过行业专家和教师合作带领学生组建技术技能项目研发团队，校企协同开展研发项目、横向课题等合作，在合作研发中提升骨干教师的业务能力和技术技能创新能力，从而反哺教学与高素质技术技能人才培养。

技术技能创新服务平台聚焦产业发展前沿和高端，是学校对接企业、行业、产业的重要窗口，可以为高职院校专业建设、人才培养、教师科学研究提供方向，通过联合开展研究开发、成果应用与推广、标准制定等活动，推动校企教师与科技人员相互交流、相互兼职，有效带动专业教师专业技能和科研能力的提升。相关院校利用技术技能创新服务平台的舞台效应，基于科技研发项目和内容构建系统化的平台培养体系，制定和完善培养标准，开发基于项目研究过程的创新课程，产教融合、协同育人，服务于学生创新创业教育，确保学校教学、人才培养能够服务于市场、服务于产业。

二、打造技术技能创新服务平台在“双高计划”文件中的内涵解读

“双高计划”文件用较大篇幅分别详细阐述了“双高计划”建设需要重点做好的十大基本任务，即加强党的建设，打造技术技能人才培养高地，打造技术技能创新服务平台，打造高水平专业群，打造高水平师资队伍，提升校企合作水平，提升服务发展水平，提升学校治理水平，提升信息化水平和提升国际化水平。其中，第三项（即打造技术技能创新服务平台）是比较重要和显眼的任务，对中国特色高水平建设学校和专业群分三款提出了要求，具体解读分析如下：

(一)加强服务企业技术研发和产品升级的平台建设

平台原主要是指人们舒展才能的舞台,也指生产和施工过程中为操作方便而设置的工作台,有的能够移动和升降,而在计算机广泛应用过程中,它一般是指计算机硬件或软件的操作环境。通俗地讲,平台泛指进行某项工作所需要的环境和条件。为此,“双高计划”首先明确提出:“对接科技发展趋势,以技术技能积累为纽带,建设集人才培养、团队建设、技术服务于一体,资源共享、机制灵活、产出高效的技术创新平台,促进创新成果与核心技术产业化,重点服务企业特别是中小微企业的技术研发和产品升级。”具体要求是:

第一,平台以服务中小微企业的技术研发和产品升级为目的。这就是说,平台工作有明确指向——服务区域内和行业中的中小微企业,帮助解决技术研发和产品升级问题。这要求我们的科研不仅要顶天,更要立地,要突出问题导向和应用性目标。这样做,也回答了国务院从 2014 年开始就要求高职学校所要做的重点问题,真正体现出以服务求支持、以贡献求发展。

第二,平台建设以促进创新成果与核心技术产业化为目标。应该说,我国的高等学校一直是科研重镇,也是专利大户,还是获奖大户,但为什么学校在经济建设主线场作用不能充分体现出来呢?关键还是科研成果的转化问题,也就是产业化问题。因此,“双高计划”建设必须强调校企合作,促进成果转化和实现核心技术产业化,这样做,对教师(科研人员)、学校和企业是三赢的。

第三,以综合体建设为抓手突出功能复合。也就是说,平台的出发点必须对接现代科学技术新趋势,要立足于技术技能的积累和传承,更要把人才培养、团队建设、技术服务三位一体,平台既要突出主业主责是人才培养,又要着力技术服务,实现基本功能。通过建设由学校、政府、行业、企业、园区、科研院所、社会组织等多元参与的产教融合平台，有利于积累人才，形成开放式团队，从而实现平台的多功能目标，实现资源综合利用和共享，使高水平高职学校成为区域科技创新服务的策源地和集聚地。

（二）构建校政行企园技术技能创新服务合作机制

“双高计划”建设学校和专业群要提升技术技能创新服务能力，必须充分发挥自己的优势，激发基层和教师的潜能，提高团队的研发能力和水平，同时，更要研究合作机制，因为合作机制的建立是多元的、多方面的。

第一，加强与地方政府的合作。与地方政府的合作是最为综合的，也是最为全面的，如果能够形成全方位合作机制，则有利于技术技能创新服务更好地实现。

第二，加强与行业企业的合作。与行业的合作更有利于专业特长的发挥，按照专业对接产业（行业）、课程对接岗位、教学过程对接生产（经营）过程的逻辑，由一个专业（群）或二级学院与一个行业，包括行业协会和企业集群合作，有利于更加针对性地提升技术技能创新服务能力。

第三，加强与产业园区（特色小镇）的合作。产业园区建设是近年来产业特色发展的新事物，特色小镇建设更是一个新的形态，在技术技能创新服务平台建设过程中，如果一个学校或专业群能够与产业园区（特色小镇）合作，则更能体现其创新性、先进性。

第四，加强平台的综合性功能建设。平台功能最为理想的方式是带有综合性的，也就是“双高计划”所要求的科技攻关、智库咨询、英才培养、创新创业功能，同时做到充分发挥学校特点、专业特长，把区域经济发展和产业转型升级结合起来。这几年在发展过程中，已经呈现的一镇一个产学研中心、一园一个产学研合作学院的效果是比较好的。

第五，提升平台建设效益。平台服务能力的高低，可以反映高职学校培养优质高素质技术技能人才、整合社会优质资源、为产业行业企业提供优质服务的能力和水平高低。技术技能创新服务平台应服务学生成才、教师成长、中小微企业发展和产业转型升级，提高成果转化效益。一是服务学生成才。依托现代学徒制等平台载体，合作开发基于项目研究过程的创新课程。二是有效服务专业教师专业技能和科研能力的提升。依托专业群，与行业领先企业合作建设项目技术中心、产品研发中心、协同创新中心、技能大师工作室、企业研究室等，联合开展研究开发、成果应用与推广、标准制定等活动，推动校企研发人员相互交流、兼职。三是服务支撑中小微企业健康发展。将科技创新的重点放到技术服务、应用技术开发和技术推广上，专业教师主动参与中小微企业课题研讨、技术攻关、新产品开发和技能培训服务，解决中小微企业科研人员不足、科技创新能力不足等问题。四是服务地方产业转型升级。技术技能创新服务平台应依托区域主导产业、优势产业和基础产业，充分整合专业、人才和科技优质资源，以有效推进传统行业优化升级、促进支柱产业稳步发展、推动地方高新技术产业快速成长、创新生产性服务业新型发展模式为核心，系统开展科技攻关、产品研发、技术推广、发展咨询、技能培训、成果转化等服务活动，为区域产业发展提供强有力的智力支持与人才保障。

(三)打造特色专业群与重点特色产业协同发展机制

“双高计划”采用高水平学校和高水平专业群两类布局，与“双一流”相匹配，其具有相应的科学性、先进性、合理性。文件提出“进一步提高专业群集聚度和配套供给能力，与行业领先型企业深度合作，建设兼具产品研发、工艺开发、技术推广、大师培育功能的技术技能平台，服务重点行业和支柱产业发展”，有其针对性并有前瞻性。

第一，学校要与地方重点产业集群建设相应的专业(群)。专业(群)对接区域内产业集群发展，围绕人才培养、员工培训、新技术开发研发等进行互动协作，真正使“双高”建设专业群做到行业离不开。

第二，学校要主动适应区域产业发展变化，调整和优化专业结构。具体可采用四象限分析法，即：市场需求大，学校办学条件好的大力发展；市场需求大，学校办学条件一般的积极发展；市场需求小，学校办学条件大的减弱发展；市场需求小，学校办学条件弱的放弃发展。如遇特殊情况，应在充分论证基础上确定发展政策，以便更好实现与区域、行业企业和园区的良性互动。

（四）深化“三融入”的平台建设路径

建设产教融合的技术技能创新服务平台，产业发展需求是“原动力”，行业企业需要是“立足点”，专业群人才培养是“基本点”。找准平台建设定位，应深化“三融入”建设路径。一是融入产业发展研究。当前，我国金融与外经贸产业改造升级不断加快，科技创新驱动产业发展，凝练优势研究方向，建设科技攻关协同创新平台；解决社会现实问题，推动产业创新驱动发展，建设品牌智库平台；服务区域重点行业和支柱产业，建设应用技术服务平台；响应国家“大众创业、万众创新”号召，建设创新创业平台。高职学校如何以深化机制创新、制度创新为重点加大产业、行业、企业、职业联动力度，加快高水平技术技能创新服务平台建设，形成“中国方案”，解决职业教育科技创新能力不足成为“陈年难题”，理论与成功的实践案例较少，为研究留下空间。二是融入行业企业发展研究。以人工智能、互联网、物联网、区块链、大数据、虚拟现实等一系列创新技术引领的第四次工业革命，促使行业企业探寻新的增长动能和发展路径，新技术、新业态、新模式不断涌现。平台建设要融入行业企业的发展态势、需求，解决实际问题，产出真正需要的技术创新成果，增强创新服务平台的生命力。聚焦创新服务面向区域重点行业、中小微企业主战场，突出学校企业“双主体”协同创新；通过政校行企合作，健全技术技能创新服务支撑体系，强化知识产权运用和保护意识，促进学校创新成果向企业转化。有关高职院校创新平台的校企“双主体”协同创新机制、技术技能创新服务支撑体系的深度研究和成功实践案例较少。三是融入人才培养。技术技能创新服务平台聚焦产业发展前沿和高端，汇聚学校、企业、行业、政府多方优质资源，是高职学校专业建设、科技研发、社会服务、教育教学的重要平台。高职院校在行业人才培养中，容易不同程度遇到校企需求的适配性差、师生参与的挑战性差、角色身份的转换性差、工作过程的教学性差、劳动报酬的等价性差、商业模式的风险性高等问题。高职学校以人才培养为中心，应确保平台始终服务教学一线、人才培养功能充分发挥。平台研发成果如何进一步服务学生能力培养、创新创业教育，高职工科类学校研究与实践案例相对多一点，而财经类学校适用的理论研究和成功的实践案例较少。

三、打造具有本校特色的高水平技术技能创新服务平台

(一)本校高水平技术技能创新服务平台的建设任务

1. 总体目标

打造“1123＋X”技术技能创新服务平台（主体平台即“一智库”——地方金融研究智库、“一中心”——浙江地方金融中心、“两协同”——浙江省服务万亿金融产业产学研协同创新中心和跨境电商综合服务应用技术协同创新中心、“三个研究院”——供应链管理研究院、信用评级研究院、会计研究院），带动其他X协同创新机构共同发展。以服务数字普惠金融和跨境电商行业的中小微企业技术研发和产品升级为目的，立足金融、国际贸易实务两个高水平专业群人才培养，打造集智库咨询、技术服务、英才培养、创新创业功能于一体的大财经技

术技能创新服务新平台。

2. 年度具体任务

(1)组建地方金融研究智库，服务政府金融决策和产业发展。

·建好浙江服务万亿金融产业协同创新中心，每年完成1份地方金融研究智库方案，举办1场金融发展学术报告会，完成研究咨询报告8份；

·组建科技金融研究团队，设立互联网与大数据金融研究院，研究发布嘉兴科技金融发展报告1份；

·立项省部级以上课题8项。

(2)建设技术服务平台运行机制，拓展中小微企业技术服务。

·优化国家级跨境电商综合服务应用技术协同创新中心运行机制；

·设立供应链研究院，开展典型企业调研，每年完成行业研究报告1个；

·组建信用与社会治理研究院，每年开发信用评级指标体系1个；

·组建云会计研究院，聘请行业企业专家20名，发布年度云会计财务共享中心研究报告1个；

·承接企业横向课题10项，完成软件著作权5项。

(3)推进专业群创新创业孵化平台建设，赋能创新创业型英才培养。

·每年孵化创新创业项目5项，实现自主创业20人。

(二)打造技术技能创新服务平台的实施路径

1. 聚焦平台的数字普惠金融和跨境电商行业需求及应用导向

需求和应用导向是学校技术技能创新服务平台建设的逻辑起点。按照国家“双高计划”高水平高职院校技术技能创新服务平台建设的要求，其逻辑起点涉及三个维度，即支柱产业的行业企业需求、团队建设需求、专业(群)人才培养的需求。本校根据“双高计划”要求，针对区域战略支柱产业发展需求，结合本校优势专业群，在“双高计划”建设方案中提出：平台建设立足浙江省的科技金融、数字贸易两个战略性新兴产业领域，围绕金融、国际贸易实务两个高水平专业群人才培养，重点服务浙江万亿金融产业和跨境电商产业发展，提升学校的技术技能积累和创新服务能力。

从服务行业需求功能看，平台建设以大金融、跨境电商等行业企业发展中碰到的实际问题和人才培养为根本，以解决区域主导产业提升、传统产业转型、新产业培育、中小微企业发展等为主要任务，瞄准科技金融、数字贸易产业链高端，紧跟产业链发展趋势，深入分析产业链上、中、下游的发展方向和人才需求状况，以适度超前发展为原则，使专业群与产业链形成“对接、服务、助推、支撑”四层关系，全方位服务行业需求、服务社会需求。

从团队建设需求看，对教师团队而言，技术技能创新服务为人才培养提供源头活水。通过专业对接产业(行业)、课程对接岗位、教学过程对接生产(经营)过程，专业教师对接企业专家，在校企技术技能协同创新中，教师获得企业创新真实案例等丰富的教学资源，获得操作技能和业务能力的提升，从而推动专业群、课程教学改革的深化、内容的优化，实现人才培养供给侧和产业需求侧结构要素的全面融合。

从英才培养需求看，对学生而言，了解专业技术技能知识的同时也应当加强在专业知识、技术技能方面的创新，积极参加有关技术技能培养方面的实践活动。这样的实践活动不仅能够加深学生对本专业技术技能知识的理解，也能够让他们接触到在学习理论知识过程中未涉及的新知识、新角度、新观点，从而提升自身综合能力、可持续发展能力。

从社会服务功能需求看，平台应具备技术服务、智库咨询、英才培养、创新创业等功能。基于技术技能创新平台的嫁接作用，要素资源能够协同聚合，实现产业行业发展需求的反哺；通过技术服务、智库培训服务等，服务乡村振兴与扶贫，带动中西部、边远地区、民族地区、经济欠发达地区和同类高职学校协同发展，尽“双高计划”建设单位必须有的社会责任。

2. 推进产教深度融合

(1)技术技能创新服务平台建设路径应深化“三融入”，即融入产业发展需求、融入行业发展需求、融入人才培养需求。具体而言，一是融入数字普惠金融和数字贸易产业高端发展研究，需要通过加强与地方政府、产业园区(特色小镇)、行业企业深度合作，建设具有智库咨询、科技攻关、人才培养、创新创业功能，体现学校特色的技术技能创新服务平台，服务区域发展和产业转型升级。二是融入行业企业发展研究，提高高水平专业群的集聚度和配套供给服务能力，与行业领先企业深度合作，建设兼具产品研发、工艺开发、技术推广、大师培育功能的技术技能平台，服务数字普惠金融和跨境电商重点行业和支柱产业发展。三是融入高水平专业群人才培养，对接金融科技和数字贸易发展趋势，以技术技能积累为纽带，建设集人才培养、团队建设、技术服务于一体，资源共享、机制灵活、产出高效的人才培养与技术创新平台，促进创新成果与核心技术产业化，重点服务企业特别是中小微企业的技术研发和产品升级。

(2)打造服务地方金融和跨境电商创新平台，应依托区域金融特色城市和跨境电商综合试验区建设规划。依托温州金融综合改革、丽水支农惠农金融、台州小微企业金融、义乌贸易金融、舟山海洋金融、嘉兴科技金融、绍兴直接金融、衢州绿色金融、湖州生态金融等区域金融特色城市建设规划，积极打造服务地方金融创新平台，为区域金融发展提供技术服务，政校行企合作开展金融试点改革项目。依托浙江省的杭州、宁波、金华、温州、台州、湖州等跨境电商综合试验区和线上线下园区建设规划，积极打造数字贸易和跨境电商创新服务基地建设。通过定向产业培养培训和学校教师挂职锻炼等多种方式加强联系与沟通，逐步建立服务创新平台，扩大学校服务空间和范围。

（3）打造为产业建设服务的协同创新平台，需要构建各资源间的横向联动运行机制。整合资源构建为浙江万亿金融、跨境电商产业创新量身定做的产学研创基地，形成浙江金融职业学院的产学研创品牌。一是重点围绕建设四大金融产业平台、区域金融特色城市和金融特色小镇规划，与浙江省金融学会、浙江省小额贷款公司协会等行业组织，以及各金融企业紧密合作，共同打造一批具有综合功能的产学研创基地，开发一批高质量的产学研创项目；二是重点围绕跨境电商园区、综合保税区和自由贸易片区建设规划，与浙江省商务厅、行业协会、研究机构合作，共建产学研创基地，拓展一批高质量的智库研究项目和创业项目。

（4）发挥平台人才资源优势，依托“智库＋中心＋研究院”等研究机构强化智库建设。与省金融办、人民银行杭州中心支行、浙江省银监局、证监局、保监局、浙商银行、省农村信用联社、省金融教育基金会、校友会密切合作，配合万亿金融产业建设的规模和层次，组建浙江金融发展智库，定期举办学术交流研讨活动。以协同创新中心建设为抓手，积极探索构建服务金融产业和跨境电商产业的技术创新专职科研队伍的道路，为万亿金融产业和数字贸易产业建设遴选专业精通、经验丰富的金融人才，并力邀相关专家通过挂职、讲学、课题研究、短期访学等不同的方式和路径，为浙江科技金融和数字贸易行业发展提供智力支持。

（5）整合学校研究力量，梳理科研方向，明确研究内容，构建专业研究新格局。充分发挥各研究平台的人才高地优势，体现专业研究、专题研究、主题研究的团队张力和功能，统一布局、互有分工，紧接地气、注重实效，有计划地组织科研攻关一批与万亿金融产业和跨境电商协同创新中心建设相关的课题，争取在该领域多出成果，出高水平成果；坚持产学研创相结合的原则，激励教师积极申报各类课题，争取各种纵向、横向科研项目，力争形成一批具有显著决策参考价值的研究成果，以务实的前沿研究服务金融行业和机构的发展。

(6)挖掘学校行业职业技能培训资源，打造高水平的行业技术技能培训平台。利用学校业务精湛的专任教师队伍，以及校外行业专家和高技能人才组成的兼职教师队伍，与浙江省发改委、浙江省商务厅、浙江省人力资源与社会保障厅、浙江省金融学会、小额贷款公司协会等相关行业组织和企业合作，更好地为金融、跨境电商产业从业人员的继续教育和技能培训工作做好服务。

(7)深化政行校企合作机制建设。依托政府部门搭建合作平台，在行企校共同开展专业和课程改革基础上，以加强学校为企业直接服务、解决企业难题、为企业培养紧缺人才为基本要求，以承担金融企业项目和为企业培训员工为载体，进一步完善政行企校合作机制。围绕万亿金融产业和互联网金融创新中心建设，在私募金融、互联网金融、草根金融等领域，在建设实习基地的基础上，完善“校中企”运行机制，探索“企中校”培养模式实施，校企互融实现企业全过程、全方位参与人才培养工作，也使培养的人才零距离、无缝隙适合金融企业需要。

(8)建立并持续完善技术技能创新服务平台的绩效评价指标。高职院校打造高水平技术技能创新服务平台，应以平台的科技攻关、智库咨询、社会服务、创新创业等功能为导向，建立、健全并持续完善平台的绩效评价指标体系。

技术技能创新服务绩效评价指标一般包括五类：一是服务行业企业科技攻关的绩效评价指标，包括横向课题数量和横向课题到账金额，其中，课题数量指标包括政府职能部门、科研机构、行业协会、园区、企业的横向课题数量、教师申请专利数量、软件著作权数量等。二是服务地方政府及职能部门智库咨询的绩效评价指标，包括智库成果要报的数量与级别，智库成果辐射范围应该包括国家级、省部级、地市级、县级、区级等，反映技术技能创新服务地方的要求。三是理论研究成果数量，包括两类指标：立项纵向科研课题的国家级、省级、厅级、科研机构等科研项目数量；报纸杂志论文公开发表数量，包括核心期刊数量、SCI、SSCI、CSSCI等核心期刊数量、一级期刊数量、权威期刊数量，根据不同质量进行赋权。四是创新创业数量，包括教师创业数量、学生创业数量。五是服务社会的技术技能培训数量。

（9）推进技术技能创新服务平台建设的成果转化。聚焦数字普惠金融与跨境电商，推进高水平技术技能创新服务的成果转化。围绕高水平专业群岗位变迁需求，创模式、扩内涵，使平台服务厚度不断夯实；遵循普惠化、数字化理念，释长尾、扩群体，使平台服务广度有效拓展；凭借精准化定位，拓客户、降风险，使平台服务精度充分发挥；破除信息不对称，助企业、降成本，使平台服务效度显著提升；打通最后一公里，克攻坚、助脱贫，使平台服务深度明显提高；重塑金融和跨境电商本源，服实体、促升级，建设成果既有理论成果、技术成果、智库成果要报、人才培养，又有创新创业成功实践。

（10）完善平台运行的政策体系和体制机制。一是提高协调力度，完善运行机制。学院应加强相应的顶层设计和统筹协调，积极出台打造支持“1123＋X”技术技能创新服务平台的各项政策措施，充分发挥基地、研究中心、协同创新中心平台的作用，以1123平台为核心，带动学校其他研究中心和研究机构共同发展，形成促进科研、技术技能研发，社会服务工作加快发展，形成成效的合力。二是完善激励与评价机制，营造建设氛围。学院将进一步加大政策资金倾斜力度，对在该领域做出突出贡献的教师，学院将给予相应奖励，从而调动全体教师服务技术技能创新服务平台建设的积极性、主动性与创造性，营造协同建设技术技能创新服务平台的氛围。譬如，加快专利、技术成果的转化落地奖励和扶持，教师的教学、科研、社会服务工作的绩效评价和业绩评分联通转换机制。三是加大研究团队的培养和经费投入，保障平台建设。加大经费投入，加快专兼结合的研究队伍建设和培养力度，保障在校企合作、技术技能成果转化等方面资金需要，制定科学合理的平台资金预算，加强资金管理制度建设和绩效评价。

对接国家数字经济产业，引领财经类专业群改革新发展

孔德兰　刘　丽
（浙江金融职业学院）

一、中国特色高水平专业群建设的重要性

高水平专业群建设是中国特色高水平学校建设的基础之基、重中之重。抓住专业群建设这个基础和重点，就等于抓住了高职院校发展的核心和要领。中国特色高水平专业群建设的重要性主要体现在其具有的聚焦作用、标杆作用、引领作用与黏合作用。

（一）高水平专业群在学校教学建设中的聚焦作用

高水平专业群建设中所涉及的人才培养模式改革，专业标准与教学资源建设，教学模式改革，双师队伍、信息化、国际化、社会服务、文化、质量保证体系等建设内容，几乎包含了学校教学建设的所有要求，高水平专业群建设为高水平学校教学建设奠定了良好基础。可见，一所学校在教学改革与发展中，如果能够聚焦专业群建设，必然会收到事半功倍的效果。

（二）高水平专业群在学校教学建设中的标杆作用

高水平专业群建设中所取得的各项关键性人才培养指标，比如大国工匠的培训、学生技能竞赛成绩的取得、教师教学能力奖项的取得、教学研究成果的获取、专业社会服务能力等专业建设指标，同时也是

学校层面的教学改革发展和办学指标。高水平专业群建设在高水平学校各项建设中发挥着标杆作用，标志着学校人才培养所能达到的最高水平。

（三）高水平专业群在学校教学建设中的引领作用

高水平专业群建设理念、建设路径、人才培养模式、社会服务能力建设等方面，在学校教学建设中具有极强的示范与引领作用。一所学校可以以一个高水平专业群建设为依托，并在其成功经验的基础上，进行复制、推广和示范，这具有非常好的引领作用。

（四）高水平专业群在学校与产业对接上的黏合作用

高水平专业群是学校产教融合、校企合作的基础和重要结合点。我国的职业教育改革与发展必须坚持产教融合、校企合作、工学结合、知行合一，而高水平专业群是其重要载体和发展平台，国家可以通过专业群开展产教融合，将产业要素有机地融入专业人才培养的各个环节，依托专业群开展校企合作，开展工学结合、知行合一人才培养模式改革。高水平专业群是学校与产业对接的黏合剂，在高素质技术技能人才培养中发挥着非常重要的推动作用。

二、双高文件对打造高水平专业群的内涵解读

中国特色高水平高职学校建设采用高水平高职学校和高水平专业群两类布局模式，既体现了高水平高校建设的重要性，又凸显了高水平专业群建设的基础性地位，从专业到专业群建设更是建设理念和思路上的一次飞跃。

(一)专业群建设的概念

打造高水平专业群作为“双高计划”建设的十大任务之四,共四部分内容,“面向区域或行业重点产业,依托优势特色专业,健全对接产业、动态调整、自我完善的专业群建设发展机制,促进专业资源整合和结构优化,发挥专业群的集聚效应和服务功能,托优势特色专业,健全对接产业,动态调整,自我完善的专业群建设发展机制,实现人才培养供给侧和产业需求侧结构要素全方位融合”。

一是专业群建设的历史。教育部、财政部在2006年实施国家示范性高职院校建设计划时,就使用过专业群的概念,在这一文件明确重点建设500个产业覆盖面广、办学条件好、产学结合紧密、人才培养质量高的特色专业群,形成500个以重点专业为龙头、相关专业为支撑的重点专业群,提高示范院校对经济社会发展的服务能力。以后,在国家示范院校建设和国家骨干高职院校建设过程中,也有一定的实践,当然其研究深度和重视程度还不够。

二是专业群的含义。纵览学术文献,石伟平、袁洪志、应志国、徐国庆、欧阳河、潘家俊等是比较早研究专业群的专家学者,在《中国高教研究》等刊物上也有较多文献发布,教育部任占营在《高等工程教育研究》2019年第6期发表的《高职院校专业群建设的变革意蕴探析》更具有代表性。一般地说,所谓专业群,是由一个重点专业带动,相关若干专业组合而成的专业链。对此,不同专家的具体表述不尽相同,但基本共识是形成的。即“三相三共”,专业群学科基础相通、技术领域相近、职业岗位相关,专业内部基础课程共用,教学资源共享,教师队伍共育。与此同时,要努力实现专业(群)链与产业链、人才链、创新链的对接。

三是组建专业群的基本要义。“双高计划”文件指明了专业群组建的基本要义:第一,面向区域或行业优势产业,这应该是建设重点专业、发展特色专业、组建重点和优势专业群的重要前提。第二,依托优势特色专业,这是组建专业群的关键,选好带头羊、领军者,带头专业必须是发展基础和进一步发展的优势,能体现高职教育和本校的特色所在。第三,有一个科学运行和动态调节机制,如何整合建群,有利于集群发展、动态更新、资源整合,推动人才培养工作完成供给侧改革。

(二)校企合作建设专业群

“双高计划”文件明确提出:“校企共同研制科学规范、国际可借鉴的人才培养方案和课程标准,将新技术、新工艺、新规范等产业先进元素纳入教学标准和教学内容,建设开放共享的专业群课程教学资源和实践教学基地。”这句话的内涵是十分丰富的,也是多方面的,其核心体现在以下四个方面。

一是校企合作建设专业群。也就是说,要通过校企合作的体制机制,由学校教师和行业企业的参加来共同研究制订比较科学而规范的专业和专业群人才培养方案,方案既要体现教育行政部门的规范及格式要求,也要充分体现行业企业对人才培养的规格要求,当然,也要符合学生身心发展和健康成长规律。

二是吸收行业企业最新技术、工艺和规范。将最新技术、新工艺、新规范吸收到人才培养和教学体系中来,这既是职业教育高质量发展,打造职业教育类型特色的要求,也是构建职业教育校企合作体制机制的重要目的。通过校企合作,通过学校教师和行企业务专家的联合,使职业教育教学从内容到技术再到方法上达到最前沿。

三是可供国际学习借鉴。应该说,为国际职业教育提供中国标准和中国方案,这既是职业教育现代化的要求,是“双高计划”建设的重要目标要求,也是高水平高职学校和专业群建设的使命和担当。对此,我们应提高站位,从主要通过学习借鉴他国经验走向供他国学习借鉴,这是我们重大的思维转折和创新。

四是开放共享机制。开放共享既是专业群建设过程中专业与专业之间的共建共享，也是学校与其他学校之间同类专业开放合作共享。还进一步包括我国与世界上其他国家之间的开放共享，这正是实现引领改革、支撑发展、中国特色、世界水平高职学校和专业建设的重要目标。

（三）组建高水平结构化教学创新团队

建设高水平专业群，校企合作、产教融合是前提，高水平教师队伍是关键和保证。“双高计划”文件明确提出“组建高水平、结构化教师教学创新团队，探索教师分工协作的模块化教学模式，深化教材与教法改革，推动课堂革命”。

一是“双师型”结构化教学创新团队是建好专业群的关键。为配合实施《国家职业教育改革实施方案》，教育部等四部门印发了《深化新时代职业教育“双师型”教师队伍建设改革实施方案》的通知，通知明确指出，教师队伍是发展职业教育的第一资源，是支撑新时代国家职业教育改革的关键力量，建设“双师型”教师队伍是加快推进职业教育现代化的基础性工作。文件还提出了今后一个阶段的工作目标和努力方向，提出了具体抓好师资队伍的十二条具体举措，意义重大，是我们建好专业群的重要支持力量。

二是“双师型”结构化教学是创新团队的建设途径。建设高水平结构化教师教学创新团队是“双高计划”建设单位师资队伍建设的重要目标，也是学校基层教学组织建设的重要内容，结合产教融合校企合作工作的进一步落实，结合专业（群）建设指导委员会的改进优化，我们需要强化结构概念，增强团队意识，树立创新思维，探索分工协作模块化建设之路，为此，教育部专门启动了建设360个国家级职业教育教师教学创新团队的重大工作举措，各学校应该积极争取并立足自主建设。

三是推进三教改革和课堂革命。专业群建设要真正落到实处，提高实效，建群逻辑科学性、合理性十分重要，但如何落实到课程建设和模块化教学十分关键，为此，我们要认真贯彻《国家职业教育改革实施方案》提出的新要求，积极推动教师队伍建设机制改革、教材建设和更新机制改革和教法改革。关于教材建设，教育部专门下发了《职业院校教材建设管理办法》，我们要遵照执行，教法改革的重点是充分广泛吸收现代信息技术，努力使信息技术与教学内容有机融合。对此，我们一定要真抓真落实。

（四）建立专业群可持续发展保障机制

一个学校的专业设置应该是有逻辑的。专业的扩张和发展也应当是有逻辑的，这实际上是学校真正的顶层设计，如浙江金融职业学院设计了一个以金融专业群为核心、财经商贸专业群为重点、人文艺术和信息技术类专业群积极发展的航空型专业结构，共同的起点是金融学校金融专业金融产业需求。各个学校也有不同的特点和生长点，从而也有不同的重点专业和专业结构，对可持续发展机制建设，我们的思考是：

一是要选好重点专业和专业群。前面论及，这必须尊重历史，尊重办学出发点、尊重区域和行业发展需求，并逐步从需求出发，结合趋势和学校条件，逐步形成与规模相匹配的专业大结构，形成学校办学的基础条件。对于重点专业的选择，一般应该有几类：第一类是人无我有、人有我优，与学校所在区域和行业最密切的特色专业，这类专业规模不一定大，但一定是有特色。第二类自然是区域和行业需求比较大的，学校办学规模也比较大的专业，相对而言，这也是办学水平比较高、影响力比较大的专业。二是构建专业群可持续发展机制。每个学校探索构建专业群机制会有不同的方法，有时候比较注重需求分析，有时候比较注重条件分析，有些人热衷于追新追时尚，有些人比较保守，但从科学角度而言，一般采用四象限分析法，需求和条件相结合，凡市场需求大且学校办学条件好的，应大力发展；凡市场需求大但学校办学条件弱的，应创造条件积极发展；凡市场需求小而学校办学条件好的，应审慎发展；凡市场需求小而学校办学条件弱的，应放弃发展。三是积极开发特色新专业。要根据国家重点产业、区域支柱产业和新兴战略产业发展需要，根据云计算、互联网、大数据、物联网、智能制造发展趋势，适应智慧城市、智慧社会、智慧生活等要求，积极开发特色性新型专业，不断优化专业群及其结构，并相应优化课程教学和方法，使专业群建设真正体现高质量、高水平、高适应性。

三、高水平专业群建设思路与阶段性成果

（一）建设思路

立足大财经，服务浙江万亿金融产业和国家"一带一路"建设，对接数字普惠金融和数字国际贸易两大高端产业，以产教深度融合为主线，以"书证融通"复合型技术技能人才培养培训模式改革为突破口，建成金融管理和国际贸易实务两个高水平专业群，打造财经类专业技术技能人才培养新高地。谋求大合作，以服务万亿金融产业协同创新中心和跨境电商综合服务应用协同创新中心为载体，打造以"千人大金融智库"为主体的高水平、结构化教学创新团队，创建"中国工商银行数字普惠金融"和"阿里巴巴数字贸易"产业二级学院，打造国家级金融和国际贸易技术技能创新服务平台；以"一带一路"高职教育研究联盟和捷克研究中心为载体，服务"一带一路"建设和"走出去"浙商，打造中国职业教育国际化新平台。共建大文化，扎根浙江大地，建立以社会主义先进文化和金院精神为魂，以文化校园彰显品位和情怀，以诚信文化、金融文化、校友文化"三维文化"推进人文化成的文化体系。

高水平专业群建设项目对标《中国特色高水平高职学校与专业建设计划》建设任务书，构建以金融管理、国际贸易实务两大中国特色高

水平专业群为引领，会计专业群、保险专业群、工商管理专业群、信息技术专业群、文化创意专业群协同发展的“2 带 5”专业群高质量发展新格局。

1. 金融管理高水平专业群建设思路

服务浙江万亿金融产业和“一带一路”倡议，对接数字普惠金融产业高端，组建“数字＋普惠”融合共生的金融管理专业群，打造“顶尖专家学者、行业领袖、国家名师”三位一体国家级教师教学创新团队，构建“技能型、复合型、精英型”金字塔一流金融人才培养体系；与中国工商银行共建“数字普惠金融”产业二级学院，打造育训一体的实习实训基地，共筑数字普惠金融人才培养与技术技能服务高地。

2. 国际贸易实务高水平专业群建设思路

服务浙江跨境电商发展、国家外贸转型升级和“一带一路”倡议，对接数字国际贸易产业高端，建设“双元双优”高水平、结构化教学创新团队，撬动“三教”改革；与阿里巴巴集团共建“数字贸易”产业二级学院，夯实高水平职业教育“育训”基地，以“双元育人、书证融通”复合型技术技能人才培养模式改革和 1＋X 证书试点为突破口，智能化融合新的数字技术，共建数字国家贸易人才培养、“一带一路”倡议服务的新高地。

3.“2 带 5”专业群协同发展下一步思路

(1)健全专业群建设发展机制，发挥集聚效应与服务功能。依托金融管理、国际贸易实务等七个国家骨干专业，对接浙江八大万亿产业发展需求，瞄准科技金融、数字贸易、信息技术、文化创意等产业高端与新兴产业趋势，按照“人工智能＋专业”调整优化专业布局，增设人工智能等专业，建成以具有国际先进水平的金融专业群、国贸专业群为引领，具有国内领先水平的会计专业群、投资保险专业群、信息技术专业群、工商管理专业群、文化创意专业群相协同的高水平专业群生态格局。以专业群文化为引领，健全《专业群建设指导委员会章程》，实施紧密衔接产业的专业群动态调整与自我完善机制，形成优势引领、功能协同、特色鲜明的专业群集聚模式、发展模式与服务模式；实现两大突破：财经类专业人才培养供给侧与产业需求侧结构要素全方位融合，专业群发展与区域经济发展双向赋能。

（2）瞄准金融与贸易产业发展趋势，打造国际水准的教学标准体系。服务国家数字经济，对接浙江战略新兴产业，建立集课程标准、专业教学标准、顶岗实习标准、职业技能等级认证标准、资源认证标准五位一体的专业群教学标准体系。建立财经类专业“校级、省级、国家级”三级联动的在线精品课程发展体系，以建设国家精品在线课程为抓手，打造一批具有国际影响力的国家级课程标准；依托金融、互联网金融、国际贸易、文秘等4个国家专业教学资源库，对接产业数字化改进升级，构建国内引领、国际可交流的资源认证标准。以高水平专业群建设内涵为依据，制定一批财经类专业群教学标准。联合中国工商银行、阿里巴巴等行业领先企业，建立培训、评估一体化的初、中、高三级国家职业技能等级证书认证标准与顶岗实习标准，培养、输送持有一本学历证书和多本职业技能等级证书的高素质技术技能人才。

（3）完善育训结合实践教学基地建设，助推技术技能人才培养。促进标准、技术、工艺等产业要素与教学过程动态融合，以“育训结合、开放共享、服务区域”为目标，引入中国工商银行、浙江国贸集团等行业领先企业的项目、业务进驻学校，完善育训结合的实践教学基地建设，重点建成5个国家级示范实践基地、10项省级示范实践基地，提升专业群的技术技能人才培养水平。创新金融管理、国际贸易专业群实践教学基地的运营模式与运营标准；促进人才技能供给与产业需求的无缝衔接，开展财经类企业内训、再就业培训、中西部地区培训援助、对捷贸易企业培训。

（4）深化教师、教材、教法改革，撬动“人工智能＋”课堂革命。对接金融、国际贸易产业链与岗位面向，在系统分析职业岗位、职业能力基础上，重构金融管理专业群、国际贸易专业群课程体系；从专业跨界、职业跨界两个维度，组建“专业跨界化、角色多样化、履历多元化”的教学创新团队；实施专业、课程分工协作式的模块化教学改革；基于岗位工作环境创设教学环境，重构教学内容，创新教学方法。契合最新的业务与岗位元素，开发一批对接金融科技、数字贸易需求的新型活页式、工作手册式、任务清单式的新形态数字化教材，建成一批“十三五”国家规划教材；以致敬课堂为中心，深化人工智能技术在课堂中的全方位应用，改造教学场景，扩展课堂边界，融入项目教学、情景教学、工作过程导向教学，打造“金院好课堂”，形成人人参与好课堂、天天建设好课堂、门门都是好课程的教学文化。

(5)优化专业群质量评价体系，构建多方协同可持续发展保障机制。依托集决策指挥、质量生成、资源建设、服务保障、质量监控等功能为一体的专业群诊断与改进平台，构建基于专业设置与社会需求适应度、人才培养目标与培养效果达成度、教师队伍与教学资源保障度、教学与实训有效度、社会与学生满意度的第三方动态认证体系，持续优化金融管理、国家贸易实务专业群质量评价体系。通过政府政策推动、行业发展引导、协会服务支撑、企业协同融合、学校诊断改进，形成“政行校企”多方协同的专业群可持续发展保障机制。建立专业群自适应式的质量提升机制，形成财经类专业群特色质量文化。

(二)阶段性成果

1.制订金融管理专业群、国际贸易实务专业群人才方案

国际贸易实务高水平专业群按照“专业基础课程共享、专业核心课程分立、专业拓展课程互选”的思路对群内专业课程进行了系统的重构与整合；制订国际贸易实务专业群人才培养方案。

金融管理实务高水平专业群按照以金融管理专业为核心，与国际金融、农村金融、互联网金融、信用管理等专业组成职业岗位紧密结合的专业群，面向现代金融服务业，专业之间具有经济金融、互联网金融与人工智能等相同的基础知识要求，构建“数字金融＋普惠金融”融合共生的专业群，设置了“专业群共享、专业深化、岗位能力迁移模块”的课程体系，制订了衔接紧密、差异鲜明的专业人才培养方案。

2. 1＋X证书试点项目制度改革卓有成效

(1)出台管理办法，全方位保障1＋X证书试点项目建设任务实施。《浙江金融职业学院1＋X证书制度试点项目管理实施办法》进一步明确了1＋X证书试点的目标任务和建设内容，规范了项目建设经费使用管理，完善了试点工作绩效考核与激励机制。

(2)积极申报试点，不断拓展1＋X证书类型和试点专业范围。2020年4月，学校在Web前端开发首批证书，第二批智能财税、网店运营推广证书已成功申报的经验基础上进行了第三批证书试点申报，并于6月份通过职业技能等级证书信息管理平台审批。第三批成功立项数字媒体交互设计、界面设计、跨境电商B2B数据运营、金税财务应用、业财一体信息化应用、数字化管理会计、财务数字化应用、财务共享服务、大数据财务分析、人身保险理赔、数据采集、大数据分析与应用12个类别的证书试点项目。

(3)履行组长单位职责，协同推进浙江省1＋X证书试点工作。学校作为浙江省智能财税证书试点工作协作组组长单位，通过线上组织开展了2020年度浙江省首次智能财税职业技能等级证书考试考务组工作会议，设置并开放智能财税考试答疑绿色通道，为各考点院校解决考务问题提供了便利。成功举办全国“业财融合——高职会计专业建设和智能财税人才培养”研讨会，深入研究会计专业人才培养方案，促进了院校之间教学优秀案例与经验共享，加深了高校教师与行业专家的双向交流。

(4)1+X证书融入专业人才培养方案和课程教学。基于1+X证书制度改革理念，2020级专业人才培养方案制订过程中均增添了职业技能等级标准教学以及证书考核相关内容，方案中职业面向、培养目标与培养规格、课程设置、教学进程表和毕业要求等均对接职业技能等级标准进行了调整。证书对应试点专业人才培养方案全面融入1+X证书能力与素质要求，匹配证书对原有课程设置进行重构与优化，例如Web前端开发证书试点专业开设“网页开发与制作(Html+CSS3)”“高级语言程序设计(JS)”“Web前端设计(JQuery)”3门课程，覆盖相应考证范围；网店运营推广证书试点专业新开设与调整“网店运营实操”“网店运营”“网店装修”“网络营销”等课程。课程内容根据职业技能等级标准进行更新完善，推进1+X证书培训与课程教学有机融合。

(5)改善培训教学条件，持续丰富教学资源。为满足考证需要，学校对公共机房进行了改建，尤其加强了网络环境、监控设备和服务器的配置。为保障1+X证书相关的培训实训教学条件，2020年正式启动“Web前端开发实训室”建设，并对电商实训室设备进行升级改造。2019年网店运营推广证书试点采购了用于网店运营实操的电商综合实训与竞赛系统，现已用于正常的竞赛训练和教学。1+X考证培训、训练系统和1+X证书教学资源包等均被列入2020年采购计划。

(6)积极组织学生参与培训学习与证书考核。学校作为考核站点于2020年6月组织开展了财务数字化应用证书和业财一体信息化应用证书考试，其他原计划于2020年上半年开展的证书考核工作，受疫情影响推迟到下半年举行。智能财税证书项目于2019年12月开展了年度第二次证书考核，95名学生参加考试，90名通过考核，通过率94.7%；Web前端开发证书项目在2019年12月组织了第一次证书考核，195名学生参加考试，122名通过，通过率62.6%，两个证书项目考试通过率均高于全国平均水平。学校被确定为多个职业技能等级证书考核站点，本学期系统整合软硬件设施，按照标准进行规范配置。各二级学院专门组织面向试点学生的1+X证书考试宣讲，引导学生参与证书考试，提高了学生对1+X证书的认知，并积极投入相关课程学习。

3. 积极开展职教本科专业设置论证与本科人才培养工作

（1）开展职教本科专业设置调研论证工作。根据《关于开展职业院校专业目录动态调整调研论证工作的通知》（教职成司函〔2020〕13号），我校开展了数字国际贸易专业、国际商务专业、信用管理专业、金融科技专业等四个专业的专业设置调研，并撰写了专业设置论证报告，报送省教育厅。

（2）召开高职本科人才培养工作研讨会。根据《浙江省教育厅办公室关于做好高职与本科院校联合开展专升本教育试点工作的通知》（浙教办函〔2020〕62号）文件，我校获批与杭州电子科技大学、浙江工商大学、浙江财经大学、浙江外国语学院四所本科院校开展国际经济与贸易、金融学、信用管理、国际商务四个专业的专升本教育试点工作。按照"厚基础、高素质、强技能"的培养要求，充分发挥本科院校理论基础厚实和我校实践体系完善的优势，高效开展了专业人才培养方案制订工作。四个试点专业的专业负责人会同本科院校的专业负责人，分别组建了专业人才培养方案工作小组，以网络通信研讨为主，以教育部《高等学校本科专业类教学质量国家标准》为依据，以本科学历要求课程为基础，经过四到五轮的方案研讨与完善，联合制订了国际经济与贸易、金融学、信用管理、国际商务四个专业的2020级专升本试点专业人才培养方案。

4. 创新推动教师、教材、教法"三教"改革工作

（1）以"金院好课堂"教学竞赛工作为载体推动教师教学综合能力全面提升。全面对接国家职业院校教师教学能力竞赛工作，构建了"学院—学校—省级—国家”四级联动的教学竞赛工作体系，旨在通过竞赛全面提升教师的综合教学能力与教学水平。

(2)推动新形态教材建设。根据《关于组织开展“十三五”职业教育国家规划教材建设工作的通知》(教职成司函〔2019〕94 号)、《关于公布浙江省普通高校“十三五”第二批新形态教材建设项目评选结果的通知》，推进新一轮专业教材建设；深化产教融合，依托 1+X 证书制度改革推进活页式教材的开发工作。

(3)推动混合式教学模式改革。基于互联网+、人工智能+的快速发展与应用，依托智慧职教、浙江省精品在线开放课程平台、超星平台、中国大学 MOOC 等课程平台，以及学习通、钉钉等移动学习终端，开展线上线下混合式教学实践。

集聚财经职教杰出人才，激发“双师”队伍建设新动能

谢　峰
（浙江金融职业学院）

提高教育教学质量，关键在于提高教师素质。对于高等职业院校，加强师资队伍建设，其中更为紧迫与重要的是加强“双师”教师队伍建设。高水平“双师”队伍是高等职业院校改革发展的主体力量，是服务产业、行业、企业的智力要素，是推动办学模式改革、人才培养模式改革与教学模式改革的基本保障，是《国家职业教育改革实施方案》（以下简称“职教 20 条”）以及“中国特色高水平高职学校和专业建设计划”（以下简称“双高计划”）十大任务即“一加强、四打造、五提升”的重要内容，是高等职业院校的办学特色，是高等职业教育区别于普通高等教育的重要标志，是涵盖师德师风建设、能力素质提升、管理体制改革、薪酬待遇优化等内容的系统工程。因此，对“双师”队伍的重要性、相关政策进行解读以及对金院特色的建设路径进行系统梳理、研究、实践尤为重要。

一、打造高水平“双师”队伍的重要性

（一）打造高水平“双师”队伍是提高人才培养质量的迫切要求

“职教 20 条”中明确提出，要以学生（学员）为中心，注重需求、结果和质量，不再局限于单纯的“技能导向型”培养，以人为本，以“复合型职业人才”为目标，建立新时期职业人才培养观。“双高计划”也明确提出，要“坚持工学结合、知行合一，加强学生认知能力、合作能力、创新能

力和职业能力培养”，强调“培育和传承工匠精神，引导学生养成严谨专注、敬业专业、精益求精和追求卓越的品质”，要“着力培养一批产业急需、技艺高超的高素质技术技能人才”。因此，如果说高等职业院校人才培养的重要目标是培养德技并修的新时期“大国工匠”的话，那么打造一支“工匠之师”，应该是题中应有之义。我们知道，技能的提高需要精益求精的训练，素质的养成则需要日积月累的浸润。无论是技能的提高还是素质的养成，都不是依靠单一的教师主体在单一的场域就能够完成的，这不仅需要课程教学活动的开展，也需要企业实践的锻炼；不仅需要专任教师的培养，也需要企业导师的指点；不仅需要校园文化的孕育，也需要企业文化的熏陶。这必然需要有“全员、全方位、全过程”的“三全育人”机制予以支撑，而“双师”队伍则是贯穿“三全育人”的主体要素，是保证“三全育人”机制顺利推进的基础。

（二）打造高水平“双师”队伍是推动产教融合、校企合作的迫切要求

从“职教 20 条”到“双高计划”，都明确提出了包括 1＋X 证书制度试点、学分银行、“双师型”教师培养培训基地、建立大师工作室、打造高水平专业化产教融合实训基地、打造技术技能创新服务平台、培养产教融合型企业、构建校企命运共同体等一系列事关高等职业教育改革发展的重要举措，都在切实推动产教融合、校企合作的职业教育理念真正落地，都对高水平“双师”队伍的建设提出了新的要求。比如 1＋X 证书制度，从开发到实施，本身就是需要企业技术骨干和高职院校教师共同参与的，同时也将以“书证融通”形式保障“双师”教师队伍的过程培养和结果评定；又如打造高水平专业化产教融合实训基地，这对高等职业院校扎实构建“双师”结构的教师队伍，共建实习实训基地提出了更高、更明确的要求，再如“建立 100 个‘双师型’教师培养培训基地”“建立大师工作室”等措施，都需要高等职业院校引入技术技能大师、企业技术能手，强化学校专任教师教育教学水平和技术技能积累与服务。从上述重要措施的内在逻辑来看，打造高水平“双师”队伍自身也是一个互为条件、不断提升的过程——只有打造高水平“双师”队伍，才能保证这些举措的实施，而这些举措的实施又为打造高水平“双师”队伍提供了广阔平台和有力保证。

（三）打造高水平“双师”队伍是深化“三教”改革的迫切要求

教师、教材、教法“三教”改革是当前高等职业教育的改革重点，而“双师”队伍建设是贯穿其中的主体力量。仔细梳理“三教”改革的内在逻辑，就不难发现其中隐含的改革脉络。第一，课程体系和教学标准如何构建？那就需要研究目标岗位工作的典型任务、操作规范与业务标准，将职业领域的工作内容和要求与多学科、多专业的学习内容相整合，转化为教育教学领域的课程内容与教学标准，赋予育人价值。第二，具体教学过程如何开展？那就是将典型的工作项目转化为课程教学项目，强化任务驱动和项目载体。第三，教师教学团队如何构建？那就是按照教学项目配置教师，让专兼结合、各有特长的教师队伍分工协作，各自主讲自己精通的教学模块，实现“多个教师上同一门课”。第四，活页式教材如何开发？那就是根据教学项目，发挥不同教师的特长，由“双师”结构的教学团队共同开发。第五，教学方法如何同步改革？那就是围绕教学项目组建学习团队，教师化身为“项目经理”，同学化身为项目组的“同事”，模拟现实的工作情境，赋予学生“现场式”的情境学习体验，并组成新型的项目团队，开展合作学习，推动“做中学”“做中考”。这个过程中的全部环节，都有赖于“双师”教师队伍的支撑（详见图1）。

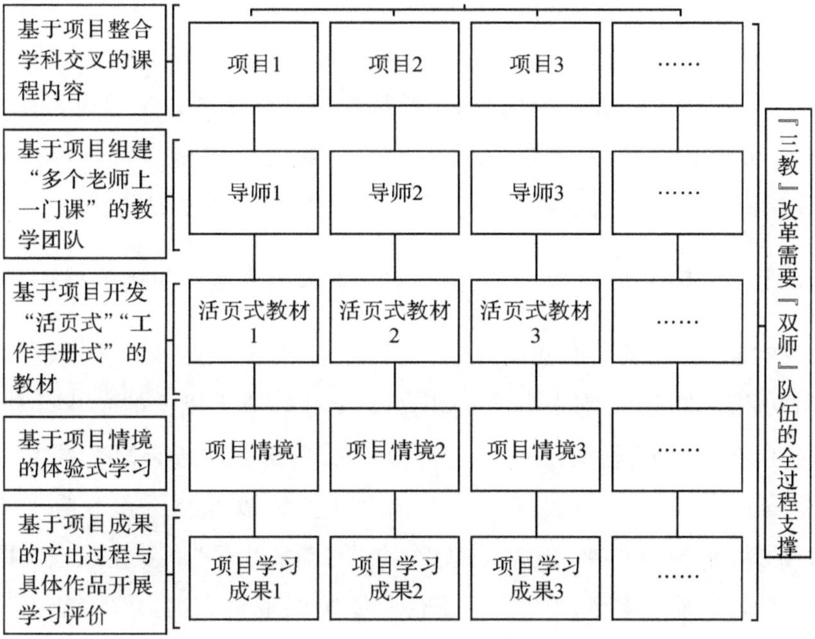

图 1 “双师”队伍对“三教”改革的全过程支撑

（四）打造高水平“双师”队伍是教师队伍自身建设的迫切要求

“职教 20 条”中界定的“双师型”教师，即同时具备理论教学和实践教学能力的教师，打破了长期以来对“双师型”教师的多义多解，如“双证书”说、“双职称”说、“双能双素质”说、教师团队“双结构”说等。同时，“职教 20 条”中第十二条明确提出，要“多措并举打造‘双师型’教师队伍”，要“从 2019 年起，职业院校、应用型本科高校相关专业教师原则上从具有 3 年以上企业工作经历并具有高职以上学历的人员中公开招聘，特殊高技能人才（含具有高级工以上职业资格人员）可适当放宽学历要求，2020 年起基本不再从应届毕业生中招聘”。这是对高等职业院校的人才引进工作的最新要求，其实也是对“双师”队伍建设的要求。同时，“双高计划”明确提出在专业群带头人、骨干教师的引进与培养方面，要充分体现行业权威，能够改进企业产品工艺、解决生产技术难题，这就不仅要求教师能培养高素质技术技能人才，还要能解决行业企业生产领域的现实问题。因此，从高职院校教师队伍的自身建设来说，紧紧抓住提高教师理论教学、实践教学能力这两大关键点，同时做好人才培养和企业技术技能积累与服务必须“两手抓、两手都要硬”。

（五）打造高水平“双师”队伍是完善教师培养激励机制的迫切要求

在“职教20条”和“双高计划”出台之前，强调教师企业实践锻炼经历和在职培训经历，都是各高等职业院校对教师不成文的要求。比如浙江省，各高等职业院校对专业教师的专业技术职务评聘要求中，基本都提出了“近5年不低于6个月的企业实践锻炼经历和不低于450学时的培训学时”等要求。“职教20条”明确提出了“职业院校、应用型本科高校教师每年至少1个月在企业或实训基地实训，落实教师5年一周期的全员轮训制度”的要求。“双高计划”则明确提出了“建立健全教师职前培养、入职培训和在职研修体系。建设教师发展中心，提升教师教学和科研能力，促进教师职业发展”等要求。同时，如何引进行业权威的专业群带头人和企业技术骨干？这就需要高等职业院校探索实行高层次、高技能人才以直接考察的公开招聘方式，建立适应于“双师”队伍要求的专业技术职务评聘体系，破除“五唯”，并且创新教师评价机制，建立以业绩贡献和能力水平为导向、以目标管理和目标考核为重点的绩效工资动态调整机制，实现多劳多得、优绩优酬。因此，“双师”队伍建设，不仅是教师培养机制改革的要求，也是校企合作模式下，高等职业院校由参照普通教育办学模式向企业社会参与、专业特色鲜明的类型教育转变的重要一环——高等职业院校绩效工资制度的改革就是融入企业工资制度特点的重要体现。

二、打造高水平“双师”队伍的政策解读

“双高计划”明确提出了打造高水平“双师”队伍的重点：以“四有”标准打造数量充足、专兼结合、结构合理的高水平双师队伍；培育引进一批行业有权威、国际有影响的专业群建设带头人，着力培养一批能够改进企业产品工艺、解决生产技术难题的骨干教师，合力培育一批具有绝技绝艺的技术技能大师；聘请行业企业领军人才、大师名匠兼职任教；建立健全教师职前培养、入职培训和在职研修体系；建设教师发展中心，提升教师教学和科研能力，促进教师职业发展；创新教师评价机制，建立以业绩贡献和能力水平为导向、以目标管理和目标考核为重点的绩效工资动态调整机制，实现多劳多得、优绩优酬。

综合上述内容，可以从以下几个方面进行解读：

（一）师德师风建设是统领

强化师德师风建设是打造高水平“双师”队伍的第一要务。2014年9月10日，习近平在同北京师范大学师生代表座谈时的讲话对老师的素养和标准做出了清晰诠释。那就是，“有理想信念、有道德情操、有扎实学识、有仁爱之心”。“四有”标准从思想素质、道德行为、学识能力和师生关系等方面提出并界定了“好教师”的基本标准，既是对新时期教师队伍中存在问题的深入思考，也是对教师成长发展的殷切期待。此外，习近平总书记在2016年12月召开的全国高校思想政治工作会议上又一次强调，要加强师德师风建设，坚持教书和育人相统一，坚持言传和身教相统一，坚持潜心问道和关注社会相统一，坚持学术自由和学术规范相统一。“四个相统一”是对“四有”标准的进一步细化，进一步指明了教师成长的方向。

高等职业院校打造高水平“双师”队伍，强化师德师风建设，必须坚

持“四有”标准、四个统一。同时，还要融入高等职业教育的类型与特色要求，那就是要有精益求精的工匠精神，要有深入把握学生类型特点的爱生信念，要有服务行业企业发展的职业情怀。这其实也是“四有”标准在职业院校教师队伍中的延伸。

(二)数量充足、专兼结合、结构合理是重要观测点

“双高计划”还对高水平“双师”队伍建设提出了3个重要观测点，那就是数量充足、专兼结合与结构合理。这3个观测点看似简单，实则大有学问。

数量充足：既是对整个学校生师比的要求，也是对各类教师的要求。比如学校的生师比，按照以往人才培养水平评估时的要求是18∶1，现在有些省份已经在提高这个比例，并对“双高计划”院校或专业给予了更大力度的政策支持，对于教师编制的核定已经达到甚至超过17∶1。比如思政理论课程的教师应该按生师比350∶1进行配置，这就是对思想政治教育的进一步强调。

专兼结合：其实这主要是对专业课程教师“双师”结构的强调，既要有校内的专任教师，也要有行业企业的技术技能大师与业务骨干。这就需要高等职业院校强化校企合作长效机制，一方面落实“引进具有3年以上工作经历”的企业技术能手的人才引进政策，另一方面重点强化专任教师的实践教学能力。

结构合理：“合理”两个字的内涵十分丰富。从整体而言，学校“双师”队伍的结构除了上文所谈的专兼结构之外，其实还有学历结构、专业结构、职称结构、年龄结构甚至性别结构。另外，从国家级教师教学创新团队建设要求看，结构合理还是指教师教学团队的建设要涵盖公共基础课、专业基础课、专业核心课、实习指导教师和企业兼职教师。同时，团队中“双师型”教师占比应超过一半，具有高级专业技术职称(职务)或相关高级以上职业资格证教师应占40%以上；兼职任教的骨

干成员有 5 年以上相关工作经验的行业企业高级技术人员应不少于 3 名。

（三）分类引育、管理是关键

“双高计划”指出，要建设高水平“双师”队伍，必须引进、培育“行业有权威、国际有影响的专业群建设带头人”，“能够改进企业产品工艺、解决生产技术难题的骨干教师”，“具有绝技绝艺的技术技能大师”，“聘请行业企业领军人才、大师名匠兼职任教”等不同类别的高水平教师，这表明“双高计划”建设中要建设高水平教师队伍，必须要突出类型教育特征，深化对教师队伍分类管理培育改革，对于不同类型的教师提出不同的发展、管理目标与要求，以提高“双师”队伍建设的针对性。

高等职业教育作为一种类型教育，产教融合、校企合作是其主要的类型教育特征，这就要求高职院校形成多元化的师资来源渠道，不仅要引入普通高校毕业的研究生，也要从企业引进有实践经验的技术骨干，还要从行业企业选聘能工巧匠、技能大师担任兼职教师。当前，高职院校教师的专业素质与能力难以适应新时代人才培养的需要，职业能力和专业化水平有待提高，应构建兼顾专任和兼职教师、教师个体和团队的分类管理体系，不仅有利于促进教师个体的专业发展，而且有利于打造高水平“双师型”教师队伍和组建高水平、结构化教师教学创新团队。教师作为“第一资源”是“双高计划”建设的关键，也是增强高职院校内生动力和办学活力的关键。

（四）健全教师培养培训体系是重要保障

“双高计划”明确提出要建立健全涵盖教师职前培养、入职培训和在职研修的体系。

职前培养：从职业教育师资培养来说，《深化新时代职业教育“双师型”教师队伍建设改革实施方案》(教师〔2019〕6号)明确提出要构建以职业技术师范院校为主体、产教融合的多元培养培训格局,优化结构布局,加强职业技术师范院校和高校职业技术教育学院建设,支持高水平工科大学举办职业技术师范教育,开展在职教师的双师素质培训进修。

入职培训:从校门到校门的普通本科院校毕业生或许在自身的专业学习上没有问题,但对于行业企业的了解、对于如何教授学生、对于如何做一名老师,其实还是有着很多欠缺;而对于从行业企业来到高等职业学校的技术骨干来说,怎么上课、怎么与学生沟通、教师与员工有何不同,也都是需要面对的问题。入职培训主要是帮助教师了解教学规范与方法,了解教师这个职业需要遵循的行为守则,了解所在的学校与背靠的行业企业,了解学生特点与专业特点。

在职研修:首先是要按照“职教20条”的要求,进一步完善“5年一轮的教师轮训制度”。而教师轮训应该是校本培养、企业实践锻炼甚至访学、访工相结合的。高等职业院校可以出台细化的教师轮训“学分银行”制度,把教师在职研修的学分完成情况纳入职称与岗位评聘的条件。

同时,“双高计划”又明确提出要“建设教师发展中心,提升教师教学和科研能力,促进教师职业发展”。

教师发展中心:这不仅可以是一个学校的教辅机构,而且可以协同各二级学院建设系列化的教师发展分中心。教师发展中心的核心职能在于服务教师校本培训、教师发展咨询与教师教学与科研交流。教师发展中心不仅是一个教师培养的平台,其实还应该是一个现代化的教师学习、交流、研究、展示的场所。因此还需要强调基于现代教育技术的场地建设。

（五）创新教师评价激励机制是重要杠杆

“双高计划”明确提出，要“创新教师评价机制，建立以业绩贡献和能力水平为导向、以目标管理和目标考核为重点的绩效工资动态调整机制，实现多劳多得、优绩优酬”。

改革教师专业技术职务和岗位评聘制度：强化分类引导、支持教师的个性发展，要全面梳理、认定教师在教学、科研、社会服务、人才培养、团队合作、国际化拓展等领域的业绩，克服职称与岗位评聘中的“唯分数、唯升学、唯帽子、唯论文、唯文凭”等不良现象。要赋予职称和岗位评聘指标以一定的灵活性与自主性，设置更多可替换的指标，特别是指导学生竞赛、社会实践、学生社团等育人业绩要予以认定，这也是保证“四有”标准教师队伍建设的要求。

动态调整的绩效工资制度：一是要以目标管理和目标考核为重点，这其实是对企业员工业绩考核办法的借鉴。目标考核一是强调要为教师设置年度或更长期的目标，结合学校、专业的发展，从教学、科研、育人、社会服务等方面对教师提出明确的要求；二是要注重为不同的教师设置不同的目标，让不同专业、不同特长、不同职级的教师完成不同的目标，并据此动态调整教师的绩效工资收入；三是要多劳多得、优绩优酬，这其实就是要打破以“点数”论英雄的绩效工资收入制度，让取得更多更好业绩的教师获得更高的收入，从而更好地撬动广大教师投身到学校的“双高”建设中去。

三、打造高水平“双师”队伍的金院方略

(一)打造师德建设长效机制,树立教师崇高理想信念

1. 实施师德师风全员提升计划

把教师思政素质与道德水平放在队伍建设首位。坚持将“四有”标准和“四个统一”,融入学校“尚德、精业、爱生”教风,强化覆盖全员的思政教育和国情教育,每年推出3—4期覆盖全员的师德师风专题教育活动,继续推出每年1—2期的师生协同红色教育培训项目,落实立德树人的根本任务。

2. 严格师德师风考核评价制度

全面落实《新时代高校教师职业行为十项准则》,明确思想政治、行为规范、学术道德等方面的要求,推行师德考核负面清单制,设立师德师风监督小组,健全师德问题预警机制,加强师德师风问题惩处,实行选人用人、评奖评优、职称评聘等工作的师德师风问题一票否决制。

(二)打造校企融通“双师”队伍,实现业务骨干双向流动

1. 打造“千人大金融智库”

以“双院长、双专业带头人、双师教师”为主体结构,以“融入政府部门提高决策服务能力、融入行业企业提高社会服务能力、融入科研院所提高学术服务能力”为目标,重点引进100名行业协会、龙头企业技术专家,重点培养100名胜任企业咨询和行业智库的校内骨干教师,吸收800名胜任业务讲师、职业导师的行业骨干、杰出校友,“双师型”教师在专业课教师总数中占比超过90.5%,打造数量充足、结构合理、双

向流动的双师队伍，如图 2 所示：

图 2 “千人大金融智库”的主体架构与功能

2. 打造专业领军人才队伍

发挥 18 名省级专业带头人的引领作用，培养 12 名省级青年专业带头人，强化省级专业带头人覆盖学校 80% 以上专业的集聚优势，优化学校专业带头人年龄梯队；实施“专业群领军人才提升计划”，强化资源整合、技术服务、国际交流等能力，培养一批同行领先、国际知名的专业群领军人才队伍。引进 10 名高水平中青年专业群带头人，拓展学校专业发展生长点。

3. 打造行业技能大师工作室

围绕浙江省金融、信息、文化等万亿产业与高水平专业群，继续建设服务礼仪大师工作室，柔性引进 3—4 位国家级技能大师，建设配套大师工作室，发挥大师在青年师生培养、绝艺传承、产品创新等方面的作用。

4. 打造财经职教名师工作室

依托学校现有 2 名国家万人计划教学名师与多名省级教学名师，

配套建设3—4个国家级、省级名师工作室，带动提高青年教师教学创新能力，建设名师引领的高水平教师教学创新团队。

5. 打造青年教师培养载体

发挥学校青年教师占比逾2/3的优势，加大青年储备人才培养力度。继续实施“金院青年拔尖人才培养计划”，选好“拔尖班”，培养35名35岁左右到2035年堪当学校重任的青年拔尖人才；继续实施“金院青年骨干教师培养计划”，强化“金骨班”，培养100名到2025年堪当部门重任的青年骨干人才。

（三）打造财经专业双师基地，搭建师资培养一流平台

1. 打造财经类专业“双师型”教师培养培训基地

联合浙江银保监局、杭州联合银行、浙江省会计学会等行业企业力量，共建金融管理、会计专业群省级“双师型”教师培养培训基地，高品质建设2个国家级“双师型”教师培养培训基地，学校年均承担教育厅、相关职业院校培训任务不少于100人次，打造全国财经类专业双师培养一流平台。

2. 强化浙江省金融科技创业导师培训基地

依托省级创业导师培训项目，发挥学校互联网金融专业先发优势，重点培育数字金融背景下的教师创业教育能力，培训教师不少于300人次，有力支撑浙江省财经类专业师资培养。

（四）优化教师校企轮训制度，完善教师培养培训体系

1. 推行教师发展标准

完善新教师任教标准，面向新引进的行业企业高技能人才，继续实施“青蓝结对”青年助讲工程，开展教育教学规范培训，推动技术骨干

成长为教学骨干。完善“双师型”教师认定标准,联合行业协会、龙头企业,开发体现行业、学校特色的“双师型”教师标准,为全国财经类专业“双师型”教师队伍建设提供参照。

2. 确立常态化教师校企轮训制度

确立贯穿教师职前、入职和在职全过程,聚焦教学创新与工艺革新双重能力,覆盖学校、企业双平台教师的轮训制度;联合龙头企业,共同开发模块化教师培养培训菜单,建设配套培训包,确保专业教师每5年培训不低于360学分、行业企业实践不低于6个月。

3. 实施教师国际竞争力提升计划

面向专业带头人、青年骨干教师两大主体,依托中外合作办学项目、捷克研究中心等平台,深化与美国西雅图城市大学、捷克查理大学等机构的紧密合作,拓宽教师国际化培养渠道,平均每年至少选派70位教师参加不少于3周的出国(境)培训研修。

4. 推进管理服务队伍专业化建设

建立管理服务队伍专业化培训体系,大力开展通用管理服务能力培训,支持二级部门开展针对性专业化管理服务的培训,加强优秀年轻管理干部队伍建设、储备管理服务高端人才、优化管理服务队伍发展通道。

5. 设立智能化教师发展学分银行

强调教师培养培训学分累积,推动现有教师发展智能管理平台深度应用,记录、分析教师培养培训信息与轨迹,实现教师发展学校画像与自我画像功能,推动教师精准培养。

6. 建设省级示范性教师发展中心

在省级教育教学发展示范中心的建设基础上,以国家级教师教学发展中心为建设目标,围绕专业、教学、信息等三类教师核心素养,整合教学训练、学术研讨、发展咨询等三大功能，打造“一月一讲”的教师教学工坊与“一月一谈”的教师教学沙龙系列品牌活动，建设不少于800平方米的现代化教师发展中心，有力支撑教师校本培养工作。

（五）优化高端人才选聘制度，集聚财经职教杰出人才

1. 探索高技能人才考察直聘制度

以学校考察直聘的方式，公开招聘一批大师名匠、技术能手来校担任专业群带头人或课程主讲人，以项目制、年薪制的方式，解决其职称、待遇的校企衔接问题，增强学校对高技能人才的吸引力。

2. 完善高层次人才学校特聘制度

分类设置学校特聘岗位。增加技术专家特聘岗位，修订《高层次人才柔性引进管理办法》，每年引进不少于20名杰出技术技能人才来校兼职；设立教学专家特聘岗位，以此鼓励长期投身人才培养一线，在教育教学改革、学生指导等领域取得卓越成绩的教师，推动落实立德树人的根本任务。

（六）优化学校评聘考核制度，推动绩效工资动态调整

1. 推行分类发展、能上能下的职称、岗位年度评聘制度

引导教师分类发展，按照教学为主、教学科研并重、科研为主、技术推广为主等四大类型，明确分类引导的评聘标准，建立优秀人才、青年人才优质晋升、越级晋升通道，破除岗位、职称评聘的“四唯”倾向；发挥在浙江省内率先开展每年进行专业技术岗位自主评聘工作的优势，突出教育教学、技术服务、国际化拓展绩效，优化能上能下、择优竞聘专业技术岗位年度评聘制度。

2. 完善目标导向、优绩优酬的绩效工资动态调整制度

不断优化部门、专业群及教师考核办法，赋予部门、专业群更大的

绩效工资二次分配权力，充分调动教师积极性，实现“多劳多得、优绩优酬”。

3. 探索基于课程组的课酬分配方式，助推结构化教学创新团队建设

面向教师分工协作的模块化教学模式改革，试行以课程组为单位打包、分配课酬，发挥教师专长，支持“多个老师上一门课”，推动结构化教学创新团队建设。

构建"校政行企"育人共同体,打造产教融合典范校

王东升　王心怡
(浙江金融职业学院)

产教融合、校企合作是中国现代职业教育体系中的重要内容,是贯穿国家职业教育的一条主线。《国家职业教育改革实施方案》指出,要深化产教融合、校企合作,育训结合,健全多元化办学格局,推动企业深度参与协同育人,鼓励扶持企业和社会力量参与举办各类职业教育。《教育部 财政部关于实施中国特色高水平高职学校和专业建设计划的意见》(以下简称"双高计划")指出,要坚持产教融合,创新高等职业教育与产业融合发展的运行模式,精准对接区域人才需求,提升高职学校服务产业转型升级的能力,推动高职学校和行业企业形成命运共同体,为加快建设现代产业体系、增强产业核心竞争力提供有力支撑。"双高计划"把"提升校企合作水平"作为重要建设任务之一,对提升校企合作水平提出了更高的要求,使校企合作水平成为衡量"双高"建设水平的重要标志之一。新时代高职学校要结合"双高计划"建设,通过各种举措和途径,全面推进校企合作,努力提升校企合作水平,打造具有典范性的产教融合育人共同体。

一、深化校政行企合作实现产教融合典范校的重要性分析

《国家职业教育改革实施方案》指出,职业教育与普通教育属于不同类型,但具有同等重要地位。职业教育的职业性规定着职业教育要深化产教融合、校企合作,实现职业教育与产业行业的互动,协同育人。高等职业教育作为另一种类型的高等教育,其根本任务是着力培养面

向生产、建设、管理、服务第一线需要的高技能人才。深化产教融合、校企合作是推进职业教育改革、提高人才培养质量的着力点，校企合作体制机制是否达到深度构建，影响着“双高”建设任务能否顺利完成。“职教20条”为职业教育奠定了扎实的理论基础，指明了清晰的理论方向，“双高计划”的实施增强了职业教育的社会影响力，调动了高职学校改革建设的动力，为高职学校提升办学水平、实现办学特色奠定了理论政策的基础，牢牢把握“职教20条”的改革任务理论方向，以“双高计划”为理论实践指导，以我国经济社会发展新常态的经济转型关键期为背景，对推进产教融合、校企合作的不断深化有其重要的理论和现实的价值意义。

（一）实现“职教20条”改革任务的目标需求，具有重要的理论方向意义

2017年12月，国务院办公厅印发了《关于深化产教融合的若干意见》，2019年1月，国务院颁布了《国家职业教育改革实施方案》，从此，深化产教融合、校企合作，推动职业教育高质量发展有了更为完善且强有力的理论方向。“职教20条”以习近平新时代中国特色社会主义思想为指导，认真贯彻落实党的十九大精神，为新时代职业教育提供了顶层设计蓝图，为职业教育的新方向指明了改革任务目标，其站位之高、目标之远、平台之大无不体现着国家在推动中国职业教育高水平发展中的坚强决心和强大的行动力，具有划时代和里程碑意义。“职教20条”的完美实现，离不开企业和职业院校的全力配合，更离不开校企之间的联系纽带，即产教融合、校企合作，是深化校政行企协同育人、实现改革任务目标的需求，是实现“职教20条”改革任务的能量源泉，同时也是紧跟习近平总书记关于职业教育的重要论述的重要实践和理论成果方向，其宗旨与国家推动中国职业教育高水平发展的宏伟目标相契合，具有重要的理论方向指导意义。

（二）实现“双高计划”核心任务的动力需求，具有重要的理论实践意义

“双高计划”以打造职业教育的“中国标杆”为方向，是落实《国家职业教育改革实施方案》的重要举措。“双高计划”以习近平新时代中国特色社会主义思想为指导，牢固树立新发展理念，服务建设现代化经济体系和更高质量更充分就业需要，扎根中国、放眼世界、面向未来，强力推进产教融合、校企合作，聚焦高端产业和产业高端，重点支持一批优质高职学校和专业群率先发展，引领职业教育服务国家战略、融入区域发展、促进产业升级，为建设教育强国、人才强国做出重要贡献。这为高职院校的未来发展提供了强有力的理论实践保证，同时也大大增加了广大高职生对未来发展的信心。而国家的理论政策在促进经济社会发展和提高高职院校竞争力的方向上只能起到辅助、引导的作用，发挥能动性的决定主体、真正起到决定作用的则是高职院校自身，因此深化校政行企，实现产教融合典范性塑造是后续工作的重点。深化产教融合、校政行企，围绕职业教育办学，以其为逻辑主线，着力实现紧跟时代创新脉搏的高等职业教育和富有市场灵敏先导度的产业的融合协调运行发展，旨在为现代产业体系的建设推进、产业核心力的有力提升做出支撑与贡献。深化校政行企协同育人，推进产教融合、校企合作是实现职业教育提升发展的关键所在，是“双高计划”的重点建设任务，更是实现“双高计划”的核心动力所在，因此其有重要的理论实践意义。

（三）实现校企双方转型升级的客观社会需求，具有重要的时代趋势意义

我国经济社会发展正处于经济转型的关键时期，科技革命和产业革新促使新业态、新模式、新技术不断涌现，以大数据、云计算、物联网、人工智能等为代表的新科技革命和产业变革全面爆发，正广泛地应用

在社会生产、经营、管理、服务等诸多领域，正深刻地影响着经济发展方式。这就势必带来人才的新要求、新标准、新面貌。为了实现这一目标，校企双方都要顺应趋势进行转型升级，以对人才在创新性实践方向上有更高的层次为追求，顺应时代的发展，及时调整学习工作内容，提高实际问题解决能力。同时为了适应新型体制，也要改进传统专业，建设新兴专业，灵活应对新业态新模式下的新教学。依据职业能力的变化需求，逐渐更新专业课程内容、改善教学方式方法、提升专业内涵建设，这就要求校企双方必须在思想和实践上也要顺应客观趋势，以不断推进产教融合、校企合作，深化校政行企协同育人，因此其有着社会经济客观需求和重要的时代意义。

二、"双高计划"实施意见中关于提升校企合作水平内容的含义解读

《教育部 财政部关于实施中国特色高水平高职学校和专业建设计划的意见》明确了"双高计划"建设改革发展的十大任务，包括"一加强、四打造、五提升"。其中，在"五提升"中的第一条也即总任务的第六条为"提升校企合作水平"，明确了提升校企合作水平六个方面内容。

（一）"双高计划"对校企合作新高度的创建提出了总要求

"双高计划"在提升校企合作水平模块第一款明确指出："与行业领先企业在人才培养、技术创新、社会服务、就业创业、文化传承等方面深度合作，形成校企命运共同体。"校企命运共同体是提升校企合作水平新高度的总要求。习近平总书记提出了构建人类命运共同体的思想，命运共同体的内涵是指命运利益关系紧密相连的组织体，而命运共同体的概念目标则是促进共同发展。"双高计划"提出了形成校企命运共同体的新高度，是将高职院校和企业定义成利益关系紧密相连的组织

体，高职院校发展的命运和企业是息息相关的，同样，企业的蓬勃发展也是与高职院校的水平提升不可分割的，高职院校和企业形成命运共同体旨在促进主体双方的共同发展。校企命运共同体理念植入职业教育和“双高计划”建设是习近平总书记构建人类命运共同体思想的贯彻落实，同时也反映了校企合作本身在促进职业教育建设和发展不可替代的重要作用以及“双高计划”建设在提升校企合作层面的重视程度。这一举措对深化校企合作明确了两个要求。首先，在实现人才培养的过程中注重行业的领先性。领先性是指生产力、文化与技术的领先，也同样代表着市场的导向需求，是市场未来潜能的发展方向，领先行业的先导识别能够有效地避免行业导向教育带来的滞后性问题。其次，为了更好地促进校企命运共同体目标的实现，高职院校要搭建全方位、综合性的培养平台，要将人才培养、技术创新、社会服务、就业创业、文化传承进行多领域的贯穿，深化、全面地完善目标的实现途径。

（二）“双高计划”为校企合作机制构建设计了目的任务

“双高计划”在提升校企合作水平部分明确指出，要“把握全球产业发展、国内产业升级的新机遇，主动参与供需对接和流程再造，推动专业建设与产业发展相适应，实质推进协同育人”。这要求高职院校应将协同育人作为校企合作体制机制构建的目的所在，将主动参与作为具体的任务。推进产教协同育人体系，是校企合作、工学结合办学制度的需求，是促进人才培养供给侧和产业需求侧方面全方位的有力融合，对培养大批高素质创新的人才和技能应用人才具有深远的意义。在具体实践中，要把企业最新的技术和设备加以高效利用，在人员方面充分挖掘相关技术人员资源，营造和利用丰富的实训环境，在育人环节中引入企业元素，积极展开双元育人工作，将理论和技术相结合，培养出真正知行合一的学生。在确立协同育人目的的同时，要将主动参与落实为具体任务，要能够对全球产业的发展具有前瞻性，要把握国内产业升级的新机制，从万千行业讯息中准确定位相关专业技术改革以及专业教学内容优化的方向和信号，同时准确把握在适应性上的理解，做到对接的适应性则要将高职专业建设和产业发展相结合。在具体实践层面，专业要与产业相对接，课程的设置要与相关岗位相对接，教学的环节设计要与实际生产过程相对接，从拉近教学与实践的距离实现无缝紧密对接，从而消除毕业生到岗位的陌生感，增强其对岗位的直接适应性，减少毕业到上岗的过渡时间成本，避免岗位适应培训的不必要成本支出，保障企业的利益，巩固校企合作可持续发展的根基。

（三）“双高计划”为校企合作人才培养提供了路径

“双高计划”在提升校企合作内涵中指明了“施行校企联合培养、双主体育人的中国特色现代学徒制”的人才培养路径。高职院校经过探索，形成了以学校和企业的互惠互利的价值的目标导向，在此基础上，为了大力地培养技能型人才，不断创新实践和改革，目前有订单式人才培养模式和现代学徒制两种主要的人才培养模式。订单式人才培养模式指的是学校根据企业的需求，以就业为目标导向，与企业方共同制订以及修订人才培养方案，从而签订学生的就业协议，并利用企业所拥有的资源优势，使双方在师资、技术、设备等诸多方面相互合作，采用多种方式来进行教学，学生毕业后直接就职于该企业的一种产学相结合的人才培养模式。该模式通过实践检验被普遍推广，由于其培养计划同企业人才需求导向具有一致性，企业在学校平台支持下对在校学生从选拔到教学内容商定再到订单班班级的管理中都体现了较大的参与性，因此收获了学生、学校、企业的一致好评。随着实践的推进，该模式也逐渐暴露出企业、学生双方的违约行为和部分企业参与度不深入等一系列不确定的负面因素。

现代学徒制模式则是一种通过学校和企业的合作再深入，教师和师傅共同协作、联合进行教育传授的教育模式。该模式对企业课程进行规范化的设立，将技能型人才培养定为现代人才培养的路径方针，使产教融合、校企合作再深化，使校企合作育人机制更加完善，能够更好地培养创新型技术技能全方位人才。因此该模式目前被职业教育认可为具有一定先进性的人才培养路径，将校企通过教师和师傅的紧密融合形成纽带关系，结合课堂教学和企业实践促进协调统一，充分发挥其双主体的优势地位，加大了人才培养的目标性、针对性，使学生能够更好地了解企业，同时企业方也能提早知悉学生的情况，真正促进学校、学生、企业三方实现共赢，从而收获巨大成效。该制度路径发展是值得不断尝试和逐渐推广的。

（四）“双高计划”对校企合作人才培养提出了环境要求

“双高计划”在提升校企合作内容中“推行面向企业真实生产环境的任务式培养模式”。营造真实的生产环境是为了更好地培育高职教育办学特色、办学水平以及打造高素质技术技能人才，真实的生产环境也是基础的条件保障。高职院校真实的生产环境能够从两个方面予以体现：一是对于校内而言，即校内要实现生产基地的生产化，该生产化真实性的环境塑造要把握各个生产环节的仿真性，只有具备仿真性的环境，实现了校内基地的生产性，各专业的人才培养工作才能高效开展，学生也能够在真实的生产实践氛围中提升相应的业务本领。二是要实现校外基地教学化，由于校内场地还是存在一定的局限性，为了更好地实现真实的生产环境，要积极开拓校外教学场所。校外教学场地的开拓，能够使教学不受工艺、设备等限制，实现高效的教学输出。“双高计划”为校企合作人才培养搭建的环境平台能够充分发挥真实生产环境中的教书育人功效，是与“双高计划”的目标宗旨相契合的。

(五)“双高计划”为校企合作实体化运作明确了目标

“双高计划”改革发展任务明确强调“牵头组建职业教育集团，推进实体化运作，实现资源共建共享”。这就体现了职业教育集团的重要性，丰富职业教育的发展方式，根本在于实现有体系化的运营建设，进而通过资源共享、效率优先的方式，为职业教育的成果优化提供实质性帮助。职教集团的内涵是职业院校对接联合行业企业等组织，形成以资源共享、优势互通以及合作联合为发展目标的教育团体，其涵盖政府机构、行业组织、企业单位、职业院校、研究机构、社会组织等主体，可见职教集团是为改变职业教育整体发展不足的局面，提前应对伴随产业升级所发生的国内技术人才供需矛盾所建立的。我国目前有千余家职业教育集团，覆盖九成以上高职院校，伴随着职业集团化办学的不断推进，更多的资源汇聚平台，进一步助力职业教育集团的完善，深化职业教育的校企合作到产教融合，全面整体长远地培养技术技能应用型人才，提高人才竞争力。所以高职院校在实施过程中，要牵头发展“职业教育集团”，推动职业教育集团实体化动作，以实现更高水平的人才培养。

(六)“双高计划”为校企合作施行举措落实了方向

“双高计划”在提升校企合作任务中指出要“吸引企业联合建设产业学院和企业工作室、实验室、创新基地、实践基地”，为校企合作的具体落实举措指明了方向，便于实际工作开展、彼此紧密联系。产业学院通常情况下是指学院与产业相关的龙头企业紧密联合，政府、行业、其他企业过程参与，以行业(企业)的生产模式、产品研发、技术革新和服务链条为对象，开展综合性人才培养和专业性科技服务的应用型专业学院。产业学院的设立一是架接企业和高职院校之间的需求通路，使得需求双方共通，优势双方可补；二是根据实际需求，确定阶段性的合作目标；三是利用各自优势，提升企业的技术研究力量，丰富高职院校的实践创新环境，通过理论加实践的教学模式，培养理论好、业务好、技能好、功底好、入门好、发展好的技术型综合人才的重要途径。同时我们也要积极探索企业工作室、实验室、创新基地、实践基地等人才培养新型组织的建设，适应不同专业人才培养的新要求。

三、提升校企合作水平实现高职院校产教融合典范校的构建思路

高职院校实施“双高计划”的重要目标与任务，就是要全面深化职业教育改革、实施产教深度融合、提升校企合作水平、提升社会服务能力。产教融合、校企合作是职业教育的基本办学模式，是“双高计划”的基本原则，是培养高素质劳动者和技术技能人才的内在要求，也是办好高职教育的关键。在“双高计划”实施过程中，学校如何创新高职教育与产业融合发展的运行机制，不断深化校企合作，为增强产业核心竞争力提供人才支撑成为一项重要课题。浙江金融职业学院主动参与财经领域供需对接和流程再造，提升校企合作水平；校企联建产业学院，发展产教融合组织新形态；引企驻校共建实践教学基地，形成全国金融业校行合作共建教学实践基地典型经验；提升企业参与职教的内生动力，优化金融职业教育集团机制，形成金融职业教育集团化办学的浙金院实践；叠加大规模“订单式”人才培养的多重效应，深化现代学徒制，提供财经类专业现代学徒制人才培养的方案；创新协同育人新模式，为区域人才发展做好支撑，助推浙江数字经济产业发展；通过构建“校政行企”育人共同体，成为产教融合和校企合作典范。

(一)主动参与财经领域供需对接和流程再造,提升校企合作水平

1. 实现现代产业链和服务平台的紧密对接与再造

学校紧抓国家加快发展现代职业教育和浙江省打造八大万亿产业的发展机遇,契合区域产业发展需求,紧密对接现代金融、数字国际贸易、文化创意等产业链,主动参与浙江省金融综合服务平台、国际贸易“单一窗口”、文化创意产业试验区等建设,参与优化银行网点上线运行移动作业、一体化通关模式申报等流程再造,畅通学校、政府、行业、企业交流渠道,促进金融、贸易、文创等领域供需有效对接,实现专业设置与产业需求适应,促使行业企业全方位参与人才培养。

2. 加强产教融合机制建设,提升校企合作水平

为持续推进产教融合、校政行企合作,学校积极创新办学理念与发展思路,确立起“立足大金融,面向大市场”的办学思路和“就业立校、服务强校、合作兴校”的办学方针,相继出台了《关于深入推进产教融合工作的实施意见》《关于依托金融行业,面向市场办学的指导意见》《关于深入推进校企合作的若干意见》《浙江金融职业学院校企合作工作管理办法》《浙江金融职业学院校企合作工作考核办法》等指导性文件,加强产学研协同创新,建立“行业、校友、集团”共生态办学模式,构建校、政、行、企、会紧密合作的产教融合推进机制,推进校企协同育人,打造校企命运共同体,培养高素质技术技能型职业人才。

(二)校企联建产业学院,发展产教融合组织新形态

1. 校企双方共建产业二级学院,完善校企合作机制体制

集合企业优势资源和需求标准,联合培养技术技能型人才。数字普惠金融学院基于金融管理专业群的人才培养目标定位,与优势特色金融企业共建协同育人平台,实现精准金融服务;数字国际贸易学院

基于数字国际贸易新型人才需求，与阿里巴巴合作开发跨境电商专业教学标准、课程标准、教材等教学资源，协同培养跨境电商B2B、B2C从业人员；用友新道云财务学院基于新技术背景下会计行业新型人才需求，着力提高人工智能、财务共享中心环境下会计从业人员的职业能力；新华三人工智能学院依托新华三先进的技术研发实力，引入最新的人工智能技术，校企合作共同培养人工智能人才；苏宁商贸学院以培养商贸类人才为目标，创新技术技能人才培养模式，满足企业用工和产业升级的实际需要；Facebook跨境电商学院面向跨境电商领域，培养服务企业品牌出海紧缺的大数据分析人才。

2. 契合行业发展趋势，推进专业建设适应产业转型升级

学校以市场为导向、以实践为主导，与行业企业共建专业群产教融合校企合作共同体，实现了专业群建设与产业行业发展共赢，即以金融专业群为主体，集社会培训、学术科研、人才培养等功能为一体，打造金融专业群产教融合综合体；以会计专业群为主体，发挥校办企业主阵地优势，协同本行业其他企业共同开展会计学徒培养、精英培养、工匠培养的会计专业人才分类培养，形成会计专业群产教融合有机体；以商贸文创专业群为主体，与诸多合作企业共同完善“专业教育＋创业培育”的人才培养机制，构建了“就业＋创业、就业即创业、创业促就业”的商贸文创专业群产教融合共生体；以信息与互联网金融专业群为主体，以培育专业群建设新动能为方向，推动专业群适应大数据技术应用、金融科技、人工智能等新兴产业发展要求，对接浙江信息、金融、文化三大万亿产业发展战略，建立信息与互联网金融专业群产教融合双主体。

（三）提升企业参与职教的内生动力，优化金融职业教育集团机制

1. 加强职教集团成员管理

浙江金融职业教育集团是体现政府主导、行业指导、校企双元的产教联合体，在推进职教集团建设中，优化集团成员组成，由学校牵头，联合浙江省地方金融管理局、中国人民银行杭州中心支行、浙江银行业协会、浙商银行、浙商证券责任有限公司、杭州财经职业学校等政府部门、金融机构、企业单位、行业协会、中职学校，组成浙江金融职业教育集团，促进集团内校企之间的资源得到很好的整合利用，推进政、校、行、企、会的深度融合。

2. 专注核心平台建设，促进政、产、学、研、用的协同创新

打造互域智库服务体系，以高水平智库专家团队，为行业企业解决前沿战略问题；打造技术服务体系，为企业发展提供技术支撑；打造创新创业教育实践载体，与企业联合培养创新创业精英，满足企业创新转型需求。积极参与浙江省各地市金融发展规划，为浙江省银行业协会等行业协会编写《浙江省银行业社会责任白皮书》，承担浙江省金融学会、浙江省金融教育基金会等学会课题研究，与浙商银行等金融机构联合开展现代学徒制人才培养，与杭州财经职业学校等中职学校开展中高职一体化人才培养，构建集政策咨询研究、行业服务、人才培养于一体的产学研协同育人体系，形成职业教育集团化办学的浙金院实践。

3. 促进职教集团全方位体系机制的构建和完善

为了更好地运行职教集团的运行机制，以互惠双赢为目标导向，围绕日常运行与决策机制建设、利益协调与共享机制建设、监督和绩效评价机制，根据职教集团不断变化的发展需求及时制定相应制度，优化和完善集团《章程》《成员管理细则》《成员目标责任制考核细则》等

制度，面对新形势、新发展及时构建新机制，构建能够被校企双方都认可的金融职教集团全方位机制体系，充分发挥职教集团协作功能，促使集团成员单位形成很好的凝聚力，保障集团科学高效运行，促进校企合作办学目标的实现。

（四）引企驻校共建实践教学基地，推进校企协同育人

1. 打造校企协同育人体系下的优质实践教学基地

优质的实践教学基地能够更好地促进校企协同育人目标的顺利实现，深化全国唯一的“校中行”浙商银行客服实践基地建设，引入省内法人金融机构，由学校提供场地，银行提供设备、技术和师资支持，构建银行客服人才校企双元培养机制，实现教学理论与实践的有机结合，共同培养银行客服人才，形成人才培养的校行合作生态，为全国银行业客服校行合作输送共建教学实践基地典型经验。

2. 完善校企共建生产性实践教学基地

联合“衡信—税友”集团共同打造云会计财务共享中心，引入企业真实会计业务，实现财会学生毕业与上岗零距离；联合浙江众诚资信评估公司共同出资建设信用工场，助推信用数据经理人才培养，做强会计专业群，助力浙江财务与信用建设；与联想集团、新华三集团等行业标杆性企业实施战略合作，打响信息专业群，助推浙江数字经济产业发展。新增校企共建校内生产性实践教学基地 3 个，优化校外教学实践基地 45 个。

3. 开展“财贸工匠进校园，校友文化育新人”活动

为进一步弘扬工匠精神、劳模精神、创新精神，促进产教深度融合，充分调动校友力量提升人才培养质量，实现校、行、企共同培养高素质高技能应用型人才的目标。充分挖掘社会资源，聘请荣获财贸工匠、金融工匠、省劳动模范、全国金融五一劳动奖章等荣誉的校友担任兼职

教师，开设工匠讲堂，让师生在模拟实践情景中更好地互动，收获高效、高价值的教学体验，促进师生两大主体教学相长。

（五）叠加大规模“订单式”人才培养的多重效应，深化现代学徒制

1. 以校企双元育人平台为载体，打造独具特色的优质金融银领人才订单培养机构——银领学院

学校与金融企业共同开展大规模、全程式、岗位型金融“银领订单式”人才培养，建立学校和行业深度融合、校企联合培养、双主体育人的人才培养机制，研制和发布国家课程标准和双语专业群教学标准，构建订单人才选拔、管理、教学、实习、就业的系统化培养模式，并将金融文化、校友文化、诚信文化与订单人才培养有机结合，在高职教育领域形成“订单式”人才培养的协同效应、示范效应和品牌效应。

2. 校企双主体创新现代学徒制人才培养实践

提供财经类专业现代学徒制人才培养的方案，积极推进现代学徒制人才培养试点工作，创新协同育人新模式，与金融机构和相关企业共同开展现代学徒制培养，合作举办联合村镇银行现代学徒制“菁华班”、保险综合内勤领英班、信用数据经理现代学徒班、链家 & 易居永创房产现代学徒班、阿里巴巴数字贸易班、深圳利朗达学徒班、谷歌大数据学徒班、多语种跨境电商现代学徒班、言殳言十创意设计现代学徒班、“宁本金服”现代学徒班、会计精英启航班、会计工匠班、现代会计学徒班等产教融合特色班级，深化“招生即招工、入校即入行、上课即上岗”的校企双主体育人模式，与企业培养高素质技术技能人才，促进学生优质就业，为区域人才发展做好支撑，助推浙江数字经济产业发展。

以“双高”建设为契机 提升高职院校社会服务水平

郁国培
（浙江金融职业学院）

“以服务为宗旨、以就业为导向，走产学研相结合的道路”是高职院校办学的核心理念。当前职业教育的发展与经济社会的发展密切相关，高职院校有责任、有义务为经济社会发展提供推动力和支撑力。2019年，教育部、财政部印发《关于实施中国特色高水平高职学校和专业建设计划的意见》，为新时代高职院校社会服务建设赋予新的内涵，提出时代要求。以“双高”建设为契机，高职院校要推进全方位的改革，着力提升社会服务水平，助力经济社会高质量发展。

一、高职院校开展社会服务的重要性

社会服务是高等院校的重要职能之一。“广义的社会服务是指高职院校具有人才培养、发展科学技术以及直接为社会服务等功能；狭义的社会服务是指高职院校在完成国家规定的教育教学及科研任务之外，在各种教育教学活动及过程中以多种形式为社会经济发展所做的经常的、具体的、服务性质的活动。”开展社会服务对高职院校的发展至关重要。

（一）社会服务是高职院校办学的内在属性

高职院校与本科院校、研究型大学虽同属高等院校，但由于其办学层次、类型不同，对社会服务的要求也不尽相同。高职教育是与区域经济社会发展联系最为密切的一种教育形式，服务社会是高职院校的内在属性。这是因为高职院校多由中等专科院校升格而来，设立之初直接面向社会分工的需要，相比本科院校，高职院校的社会服务直接面向区域产业发展，为行业、企业培养高素质劳动者和技术技能人才，更注重技术技能层面的实践和应用，强调直接性、实用性、职业性。而其他类型的高校的社会服务是“将高校的智力资源直接作用于社会，转化为社会生产”，偏向通过知识的生产和发展间接地推动社会的进步，更趋向于间接性、学术性、前沿性。

（二）社会服务是高职院校发展的动力源泉

高职院校社会服务能力的高低直接关系着学校的生存和发展。一方面，高职院校在与地方经济的相互交流中才能真正了解区域经济发展的需求，从而倒逼自身不断提升人才培养、专业设置的精准度，校企合作、产教融合的深度，更好地服务当地经济产业转型升级；另一方面，高职院校在与地方经济的相互渗透中，形成了自身的办学优势，培养出适应当地经济发展需要的人才，获得社会的认同，从而赢得地方政府、企业、社会各界的支持，为自身的发展提供保障。

（三）社会服务是衡量高职院校办学水平的重要标志

社会服务是高职院校办学的内在属性，是衡量高职院校办学水平的重要标志。《国家职业教育改革实施方案》在“推进高等职业教育高质量发展”一条中，将社会服务放在首位。要求“高等职业学校要培养服务区域发展的高素质技术技能人才，重点服务企业特别是中小微企业的技术研发和产品升级，加强社区教育和终身学习服务。”“双高计划”建设的重点也在于打造技术技能人才培养高地和技术技能创新服务平台。可见，新时期高职院校建设更为强调社会服务能力，社会服务能力的高低直接关系着学校办学水平的高低，高职院校的竞争也将是社会服务能力的竞争。因而，高职院校要响应国家政策，主动强化服务能力建设。

二、“双高”文件关于社会服务的政策解读

“双高”建设对提升服务发展水平的内容和要求做了系统阐述，主要有六个方面。

(一)高素质技术技能人才培养

打造技术技能人才培养高地是双高计划改革发展任务的第二条，对此，文件十分明确地提出了六个方面的内涵。把技术技能人才纳入学校服务发展的重要内容，一方面说明服务是广义的、综合的，也是多元的，我们需要从更宽的视野把握服务发展这个问题。与此同时，在提升服务发展水平第一款中是这样表达的：“培养适应高端产业和产业高端需要的高素质技术技能人才，服务中国走向全球产业中高端。”这实际上进一步强调了“双高计划”建设中服务发展需求的高素质技术技能人才培养的新要求，即适应高端产业和产业高端，以及服务中国走向全球产业中高端。

要适应高端产业和产业高端，就要求中国特色高水平高等职业学校和专业群建设要在“高”字上下功夫，真正体现高等教育的高技能性、高适应性，要在 大众化乃至普及化过程中研究和实施精英教育，而教育培养的目标就是适应产业高端和高端产业。正是从这种意义上讲，高等职业教育不应该只停留在专科层次 上，要从构建现代职业教育体系出发，探索本科层次职业教育，培养专业应用型硕士十分重要，这都需要“双高计划”建设学校去探索和创新，也正是从这种意义上说，“双高计划”的这一要求与《国家职业教育改革实施方案》提出的要把高等职业教育作为培养大国工匠和能工巧匠的重要途径的说法也是一致的。

要服务中国产业走向全球产业中高端，就要求我们把培养复合型技术技能人才作为今后工作的重心之一。所谓复合型技术技能人才，一是充分利用专业群建设优势，在专业领域实现并达到复合要求，更重要的是面向“一带一路”、走向国际和全球，培养“语言＋技术技能”的复合型人才。

（二）应用技术研发

“双高计划”任务第七条第二款明确要求，“以应用技术解决生产生活中的实际问题，切实提高生产效率、产品质量和服务品质。”这要求“双高计划”建设学校和教师围绕区域、行业和企业需求开展技术研发，即解决区域内行业企业技术关键问题的立地式研发。主要包含以下要素：从服务面向看，要面向生产生活中的实际问题。高职教育中的科研工作不是以高大上的重大技术研究、重大理论研究为目标，而是应以本服务区域内行业企业和城乡居民生产生活中的实际问题为目标，解决具体的问题，如节能节水、实现生活便捷等。从解决问题的内容看，主要为了提高生产效率、产品品质、服务品质。所谓生产效率就是解决一个投入产出绩效的问题，即通过技术改造和改进，尽可能使投入产出最高。所谓产品品质，就是通过改进工艺、优化流程、完善配比，使产品质量更好。所谓服务品质，就是通过技术改进等途径，使顾客的实际感受高于预期，超过期望，实现最佳。应该说，这些技术研发，主要在于实际应用，在于细致和细心，对此，高职教育应成为重点。

（三）新产品研发和产品升级

“双高计划”任务第七条第三款明确要求“加强新产品开发和技术成果的推广转化，推动中小企业的技术研发和产品升级，促进民族传统工艺、民间技艺传承创新。”它要求教师能经常深入生产、生活，了解企业所需，充分利用学校设备和工艺条件，开发一些具有区域特点、民族特色的新产品，从而发展好当地的特色经济，这对于山区，尤其是地处山区的民族地区而言，显得更为必要。这些技术具有短平快的特点，也有可能出现小而散的情形，经济效益不一定非常突出，但对传承文化、形成特色块状经济作用明显，是高职教育新的希望所在，要在研究特色专业、专业特色上下功夫。

（四）服务脱贫攻坚和百姓致富

脱贫攻坚是党中央的重大战略，2020 年是脱贫攻坚的决战之年。职业教育院校尤其是"双高计划"学校应当担负具体的任务。

首先要积极参与。要按照所在地区党委和政府的要求，积极主动承担脱贫攻坚的具体帮困任务，虽然不同地区的名称和做法不尽相同，但目标和方向是一致的，各学校要积极承担社会责任，从学校特点出发，有人的出人、有钱的出钱、有力的出力，最好出智力。

其次要吸引就学。也就是说，要积极创造条件、研究政策，吸引鼓励贫困地区的学生到"双高计划"学校学习、培训。从专业建设看，要研究相应的对策，吸引招收贫困地区学生就学，并妥善落实就业事宜。从培训工作看，要充分利用专业和课程资源及教师优势，为贫困地区开设专门的培训班次，帮助贫困地区的适龄人员用科技和知识脱贫。

从长远来说，我们还要协助解决好"三区三州"等深度贫困地区脱贫以后因病返贫等问题，做到扶上马送一程，积极响应党中央提出的脱贫过渡期内"摘帽不摘责任，摘帽不摘政策，摘帽不摘帮扶，摘帽不摘监管"的要求，并在此基础上通过对口支援、人才培养（培训）等努力让这些地区走上致富之路。

（五）服务乡村振兴和农民致富

中国是一个农业大国、幅员辽阔，经济社会发展不平衡，农业、农民、农村问题基础薄弱，问题复杂，为此，党中央国务院高度重视，每年都在推动“三农”工作，乡村振兴是“三农”工作的基础。职业教育作为一个大众化的教育，在乡村振兴中责无旁贷。

乡村振兴战略是习近平总书记在 2017 年 10 月 18 日党的十九大报告中提出来的重大战略，党中央、国务院为之做了具体规划，2018 年 1 月 2 日发布了一号文件即《中共中央国务院关于实施乡村振兴战略的意见》，之所以如此重视，是因为乡村是具有自然、社会、经济特征的地域综合体，兼具生产、生活、生态、文化等多重功能，与城镇互促互进、共生共存，共同构成人类活动的重要空间，乡村兴则国家兴，乡村富则国家富，它对建设现代化经济体系、建设美丽中国、传承中华优秀传统文化、健全现代社会治理格局、实现全体人民共同富裕具有重大意义。“双高计划”要服务乡村振兴战略，必须旗帜鲜明讲政治，充分利用自身条件抓服务，特别是在“三农”的培训和服务方面要做出更大的努力。

（六）做好区域紧缺高技能人才培训工作

“双高计划”任务七第六款明确要求：“面向区域经济社会急需紧缺领域，大力开展高技能人才培训。”这不仅是对“双高计划”建设学校的要求，而且也是每一所职业学校的本职工作，“双高计划”学校更要承担社会责任，在主动上下功夫。所谓主动上下功夫，一方面是指主动发现，即通过调研研究，问计问诊来取得；另一方面，是要主动承担，也就是说，要开发适合区域经济和产业发展需要的培训工作，急区域所急，急企业所急，真正成为区域发展和企业发展的亲密伴侣。

三、浙江金融职业学院开展社会服务建设的举措

（一）建设高水平“银领学院”，培养财经领域一流的技术技能人才

一是建设银领学院，构建财经类知识型、技能型、创新型技术技能

人才培养培训体系。以能力提升、实践创新为导向，联合行业企业共同开发职业培训包。面向校内学生，实施“财经卓越人才培养计划”，选拔优秀学生进入银领学院，针对金融管理、投资保险、会计、工商管理等专业群，组建“未来行长班”“理财经理班”“家族财富管理班”“门店经理班”等财经卓越人才特色培训班，培养高水平财经类复合型技术技能人才。面向行业企业员工，开展“财经拔尖人才培训计划”，以学校优质教育资源和信息化学习环境建设为基础，以财经领域员工实际问题和成长需求为重点，帮助学员制订个性化的学习计划，构建实践导向的培训模式。二是对接现代金融高端人才需求，探索金融管理专业群相关专业本科层次职业教育试点。面向现代金融产业转型升级，以金融管理专业群为试点，构建贯通式长学制人才培养模式，开展本科层次职业教育的探索和研究。对照国家资历框架，设计前后贯通的学业规划，在 3 年中职专业教育基础上，学校为中职考入我校学生提供贯通式的专业课程，开设金融科技、风险管控、金融产品设计等模块化课程，通过专业教学、实习实训、导师辅导等方式，帮助学生获得与岗位要求相适应的能力，获得更高水平职业技能等级证书，助力学生终身学习和可持续发展。

(二)加强技术研发与成果转化，助力当地企业走向产业中高端

一是加强应用研究与政策咨询服务。依托“千人金融大智库”，发挥会计职业教育与行业发展等 6 个协同创新中心的平台优势，跨区域吸引优势财经类研究资源，聚焦金融创新、数字经济、跨境贸易等领域开展产品研发、技术创新、智力咨询，为政府、园区发展提供政策建议，承担政府购买服务项目，助力区域数字化产业升级。二是加强知识产权培育与成果转化。校企共建科技成果培育与转化中心，重点培育财经与计算机类著作权、发明专利等知识产权，完善成果转化机制，推动高价值研究成果的后续开发、应用、推广，形成新产品、新工艺，助力当

地企业走向产业中高端。三是完善技术研发及成果转化工作量认定及激励办法。健全技术创新与教育教学相融通的评价机制,完善技术研发、转化中的相关利益分享机制,激发教师积极性,提升技术研发和成果转化效率。

(三)提高资信水平,开展金融风险防范服务,助力中小微企业提质增效

一是提升资信评估服务水平。依托浙江省业务规模最大、业务范围最广的杭州资信评估公司、浙江众诚资信评估公司,以及与有数金服共建的信用评级研究院,进行行业细分,拓展行业评级指标体系,主动对接产业升级要求,制定更新包括金融、跨境电商、先进制造业等行业评级标准,面向国内外中小微企业、小贷公司、担保公司等提供评级评估服务。二是开展金融风险防范服务。依托数字普惠金融学院等研究机构,建成中小微企业金融大数据库,通过仿真模拟、人工智能等手段,优化企业征信、风险识别、分析预警、跟踪监测等功能,协助中小微企业建立全面风险管理和内部管理体系,促进中小微企业持续健康发展。依托投资者教育基地,开发推广系列投教产品(含课程、书籍、互动软件等),组织专题活动,为投资者提供证券期货知识普及、金融风险提示、财经信息咨询等服务,提高社会公众风险防范意识和风险化解能力,助力打好防范化解金融风险攻坚战。

(四)构建职教扶贫与产业扶贫协同机制,助力脱贫攻坚战

一是构建“三准”帮扶机制。重点面向中西部贫困地区、三区三州深度贫困地区,逐年扩大招生数量,针对建档立卡贫困户,制定点对点跟踪帮扶方案,每年设立扶贫助学专项资金 40 万元,构建精准招生入学、精准培养培训、精准就业指导的“三准”工作机制,聚焦贫困地区教育和人才短板,保证招收一人,成才一人,脱贫一户,实现高质量“造血式”精准职教扶贫。二是构建扶贫校地结对帮扶模式。依托《职业教育东西协作行动计划》，主动拓展西部地区结对帮扶地区、学校，实施专业群基层党组织结对推进、对口贵州长期帮扶、新疆青海干部定点援助、名师线上线下精准送教、两地学子现场交流助学，筑牢脱贫攻坚战斗堡垒。三是构建产业帮扶机制。协同人民银行、商务厅等行业主管部门，联动中国邮政储蓄银行等合作企业，进入扶贫主战场，联合浙江银行业协会、保险业协会、证券业协会、浙江省金融教育基金会开展金融精准扶贫活动，推动金融资本、电商平台与实体产业的有效对接，做实产业帮扶、金融扶贫。

（五）助力农村财经人才培养培训与金融送教下乡，助力乡村振兴

一是加大农村财经类人才培养培训力度。依托农村金融、市场营销、电子商务等省级优势专业，加大专业化人才培养力度，服务农村普惠金融、数字贸易发展。挖掘农村劳动力发展需求，提供多种类型的农村电子商务、农村金融、投资理财等培训，培育新型职业农民，助推新型农业经营主体创新农业经营。二是推进农村金融文化建设。联合浙江省农村信用社联合社下辖 81 家机构，共建立地式“农村金融教育实践基地”50 个，采取“乡镇政府＋农信社＋当地企业＋农户”的“四方联动”模式，开展农村文化礼堂课堂活动，助力金融送教下乡。三是提供普惠金融、文化创意类服务。依托数字普惠金融研究院、数字媒体艺术中心等研究机构提供技术支撑，主动承担金融、商贸、文化类乡村建设项目，派驻教师实地定点帮扶结对乡镇，支持学生面向乡村开展创新创业实践，通过轮岗实习和创业孵化，培育“农业创客”。

（六）推进财经技术技能培训与职业技能鉴定基地建设，服务职业发展与终身学习

一是完善以行业需求为导向的多层次培训。对接人工智能、大数据、区块链等技术在金融、商贸领域的创新实践，依托浙江金融高级人才培训中心，面向企业高管、业务骨干等领军人才、高端人才，提供企业管理、金融科技等精英型培训；依托浙江金苑培训中心，面向财经商贸类企业员工、转岗职工提供职业技能提升培训；主动承担政府类培训项目，重点面向长期失业青年、退伍军人、农村劳动力，提供周期短、易就业的电子商务、会计等初级技能培训。二是创新培训供给模式。建立浙江金苑在线培训平台，推动“互联网+”职业培训，建立从项目申请到结业评价的全程式、智能化培训管理系统，探索实施技能培训学分认定，实现继续教育与职业院校学历教育学分互认与衔接。三是加强企业培训基地建设。引进中国邮政储蓄银行、杭州联合银行等企业在校内设立企业培训基地，校企共建共享培训资源，合作开展培训项目。四是探索职业培训与技能鉴定相结合的服务模式。依托“金融管理”“国际贸易实务”高水平专业建设成果，联合阿里巴巴等行业龙头企业，积极申报国际贸易实务等专业相关职业技能等级证书培训和考核点，开展美国注册管理会计师(CMA)认证考试培训。

“双高计划”建设奏响了新时代职业教育发展的最强音。高职院校要深入理解政策文件，结合学校自身发展实际，精准发力，以“双高计划”建设为契机，全面提升高职院校的社会服务水平，为新时代我国经济社会发展提供人才支撑、智力支撑、技术支撑。

提升学校治理水平，打造依法治校标杆校

张鹏超　陈正江　胡烨丹
（浙江金融职业学院）

一、引言

治理体系和治理能力是一个十分重要的课题。2019年10月31日，中国共产党第十九届中央委员会第四次全体会议通过《中共中央关于坚持和完善中国特色社会主义制度推进国家治理体系和治理能力现代化若干重大问题的决定》(以下简称《决定》)，充分肯定我国国家制度和治理体系具有十三个方面的显著优势，明确提出必须坚持和完善的十三个大的制度包括根本制度、基本制度、重要制度。

2019年12月10日，教育部、财政部公布了中国特色高水平高职学校和专业建设计划建设单位名单，浙江金融职业学院(以下简称"学校")入选。提升学校治理水平是中国特色高水平高职学校与专业群建设(以下简称"双高计划")的十大改革发展任务，全面推进学校治理体系和治理能力现代化是国家治理体系和治理能力现代化在高等职业教育领域的集中体现。为此，学校深入学习贯彻《决定》要求，严格依照"双高计划"任务，制订了"提升学校治理水平，打造依法治校标杆校"的建设方案和任务书，旨在全面发挥治理体系和治理能力现代化在办学治校中的重要作用，为激发办学活力、提升办学效益、扩大品牌影响提供坚强支撑和有力保障。

二、深刻把握建设内涵,全面提升学校治理水平

治理的内涵十分丰富,高职院校治理体系和能力建设最为敏感的问题是党委领导下的校长负责制、院(系)领导体制机制、学术权力与行政权力的关系。高职院校治理体系和能力建设的关键点是继续按照普通高等学校的要求还是按职业教育类型的要求重新构建和创新。高职院校治理体系和能力的基础是《章程》的地位作用以及学校办学治校的自主权。高职院校治理体系和能力建设是宏观大事,也是微观要事,更是我们必须共同努力去做的事。因此,高职院校治理体系和治理能力建设主要是要把握好党的领导、学校《章程》、教职工代表大会、学术委员会、两级管理等问题,就是要正确处理政治权力、行政权力、学术权力、民主权力、发展权力之间的关系,在党的领导下,围绕立德树人根本任务,寻求最大公约数,促进学校健康、平稳、快速、可持续发展。

(一)构建以《章程》为核心的现代学校制度体系

治理体系建设的第一要素为治理体制机制,即制度建设。现代大学都要有章程,章程是治理的规章。回顾政策文件对高校章程建设的要求:2010 年的《国家中长期教育改革和发展规划纲要(2010—2020)》就已明确提出了具体的要求——“制定和完善学校章程”,2011 年教育部颁发了《高等学校章程制定暂行办法》,《中国教育现代化 2035》中也明确提出“继续加强高等学校章程建设”。可见,大学章程的有效运行是《章程》建设的关键内涵,更是“双高计划”学校建设的显著标识。党的十八大召开以来,国家一直强调要坚持依法治国,完备的《章程》建设和良好的《章程》执行是学校贯彻依法治国思想的重要体现。综上,将该建设任务解读为:持续完善以《章程》为核心的制度体系,保证章程制

(修)订过程的科学规范和程序合法,确保《章程》对其上位法(如《中华人民共和国宪法》《教育法》《高等教育法》《职业教育法》)的遵守,明确学校办学治校各主体(机构和个人)的权、责、利,做到办学治校有章可循。建立《章程》实施监督机构,以体制机制改革促进治理能力现代化,形成支持人才培养和办学治校的治理体制和运行机制。贯彻落实党委领导下的校长负责制,坚持党委的领导核心地位,保证校长依法行使职权,执行民主集中制,健全议事决策制度,健全内部治理体系,形成学校自我管理、自我约束的体制机制,深入推进依法治校。

(二)加强理事会或董事会制度建设与协同治理

2010年的《国家中长期教育改革和发展规划纲要(2010—2020年)》提出“探索学校理事会或董事会、学术委员会发挥积极作用的机制”,其中所提出的理事会或董事会组织,设置目的就在于引入社会智力参与高校内部治理。2014年,教育部根据《国务院办公厅关于建立和完善事业单位法人治理结构的意见》,颁发了我国第一部高校理事会制度规范性文件《普通高等学校理事会规程(试行)》。2017年《国务院办公厅关于深化产教融合的若干意见》(国办发〔2017〕95号)要求“建立健全职业学校和高等学校理事会制度,鼓励引入行业企业、科研院所、社会组织等多方参与”。学校作为独立的法人组织,需要不断加强与社会的联系,一方面需要来自组织外部的信息反馈以便保证组织内部的发展方向正确和资源优化配置,另一方面也需要不断地反哺社会,从而和社会保持双向的能量和信息交换。因此,“双高”院校须参照“多元共治”理念推进协同治理,健全校行企社多元主体共同参与的校理事会或董事会,充分吸引各利益相关者参与学校治理,发挥其咨询、协商、议事和监督作用。

（三）完善学术委员会、专业建设委员会、教材选用委员会运行机制

2014年《高等学校学术委员会规程》颁布，明确了总体目标、组成规则、职责权限、运行制度等。随着新自由主义思潮、新公共管理主义、学术资本主义等兴起与发展，重新审视行政人员和学术人员协同共治的框架，发挥其各自的专业能力，践行学术兴校之路径，则是当前提高学校办学治校效率、推进民主的关键所在。因此，在国家完善职业教育制度体系和构建职业教育国家标准的背景下，“双高计划”学校治理需要贯通办学治校中的学科（专业）体系、教学体系、教材体系、管理体系，尤其要统筹行使好学术委员会在专业（学术）事务之中决策、规划、审议、评定和咨询中的职权，保证专业委员会在专业与产业、课程内容与职业标准、教学过程与生产过程等有效对接中的作用，组建教材选用委员会，发挥对教材遴选使用、效果评价的功能，指导和促进学校学术发展、专业建设和教学改革。

（四）发挥教职工代表大会作用推进民主治理

我国教代会制度始于1985年颁发的《高等学校教职工代表大会暂行条例》，后经修订于2012年起实施《学校教职工代表大会规定》。教代会制度是发挥教师参与，践行多元、民主治理理念的制度保证。杜威很早就提出民主的原则要求教师参与他所在学校的管理过程中去，教师的参与不足将会导致他们责任心与积极性的缺乏，如果教师不能够交流他们的成功方法与结果则会影响学校政策的实施，这将是一种很大的浪费。习近平总书记提出要扎根中国大地办大学，高校的教职工代表大会就是在民主决策制度下推进教职工行使民主权利、参与学校民主决策的重要形式。因此，“双高计划”学校建设要充分发扬和创新教代会制度，发挥教职工、学生在学校治理中的主体作用，创新建言献策的平台和形式，广泛收集师生员工意见，如审议学校年度工作报告、

财务预决算报告和改革发展重大问题，激发全体教师干事创业热情，推动教职工、学生参与学校民主管理和监督。浙江金融职业学院教代会制度已经规范运行了30余年，其中有很多好的经验与做法值得进一步发扬和推广。

（五）优化内部治理结构推进基层治理

优化内部治理结构，一是要推进学校重心下移，更加注重“双高计划”学校建设中学校办学服务范围扩展之后的机构完善。二是要扩大二级院系管理自主权，以促进院系活力和创造性激发、学科人才队伍引领、自我发展机制成熟、资源筹措能力提升，使其在专业设置、课程开设、技术创新、社会服务、产教融合、校企合作等各方面发挥更大主体作用。三是要发展跨专业教学组织，顺应产业发展复合型人才的培养和科学研究交叉融合强化的需要，推进院系之间以及院系组织与专业知识体系之间的关系向协同创新转变。对于学校而言，要加强发展基于专业群、协同创新中心、产教融合、产业学院、高质量培训、国际化、信息化等方面的跨学院组织及其组织运行机制创新，以创新实践解决“双高”建设中的治理问题。

提升学校治理水平是今后一个时期我们“双高计划”学校必须抓好的重大课题，也是中国特色高水平高职学校建设的重要内容，在项目建设推进过程中，我们要从高职教育实际出发，进一步学习贯彻党的十九届四中全会精神，推进高职学校治理体系和治理能力现代化，大幅提升新时代高等职业教育现代化水平，为促进经济社会发展和提高国家竞争力提供优质人才资源支撑。

三、提升学校治理水平改革发展举措及其预期成效

（一）改革发展举措

1. 以《章程》为统领，深入推进依法治校

持续完善以章程为核心的制度体系，建立章程实施监督机构，以体制机制改革促进治理能力现代化，深入推进依法治校，形成支持人才培养和办学治校的治理体制和运行机制。贯彻落实党委领导下的校长负责制，坚持党委的领导核心地位，保证校长依法行使职权，执行民主集中制，健全议事决策制度，完善协调运行机制。

2. 依托学校发展系统，形成命运共同体

发挥发展理事会和董事会的咨询、协商、议事和监督作用，整合校友总会、基金会等支持力量，打造与技术技能人才培养和创新服务相适应的产教融合、校企合作命运共同体。完善以事业单位法人浙江金融职业学院为主体，以企业法人杭州资信评估公司、浙江金苑培训中心和社会组织法人浙江金融职业学院校友总会、浙江省金融教育基金会为支持两翼的学校发展系统。

3. 落实教代会制度，审议学校发展重大问题

发扬教代会制度规范运行30年的优良传统，建立党、政、工、团、学协同机制，发挥教职工、学生在学校治理中的作用，审议学校年度工作报告、财务预决算报告和改革发展重大问题，以“年度重点工作任务分解”“年度服务师生十件实事”等为载体，推动教职工、学生参与学校民主管理和监督。以高品质幸福金院建设为指引，完善青年教师培养成长金翅膀、中年教师稳定发展金台阶、老年教师幸福安康金色降落伞“三金机制”，激发全体教师干事创业热情，建好“全国模范职工之家”。

4. 发挥学术委员会等作用,指导和促进学术、专业、教学改革

在国家完善职业教育制度体系和构建职业教育国家标准的框架下,统筹行使学术委员会在学术事务的决策、规划、审议、评定和咨询等职权,发挥专业建设委员会在专业与产业、课程内容与职业标准、教学过程与生产过程有效对接中的作用,组建教材选用委员会,发挥对教材遴选使用、质量监控和效果评价的功能,指导和促进学校学术发展、专业建设和教学改革。

5. 深化二级院系治理改革,构建跨专业教学组织

探索"以群建院、院为实体"改革,深化二级院系治理实践,扩大二级院系管理自主权,让教师发展有平台、成就有舞台。适应1+X证书制度改革试点,构建推动专业群建设的体制机制,组建"组团式""委托型""虚拟化"跨专业教学组织。完善制度设计、运行规范和评价办法,强化目标责任和绩效考核,提升校院二级治理水平。

6. 完善内部质量保证体系,提升学校治理效能

完善内部质量保证体系,推进学校质量诊断与改进工作。建设校情综合研判与决策服务支持系统,推进学校从传统经验式管理向基于数据驱动的智能化治理转变。形成可复制、可借鉴的改革经验和运行模式,构建提升学校治理效能的长效机制,助力学校高质量发展,发挥示范引领作用。

(二)预期成效及标志性成果

全面落实党委领导下的校长负责制,以章程为统领的内部治理体系进一步健全,形成一套科学有效的章程实施机制,构建学校发展系统,打造教师、学生、校友发展共同体,促进和保障高水平学校和专业(群)建设,积累可复制、可借鉴的改革经验和模式,建成依法治校标杆校,发挥示范引领作用。

董事会，教代会，学术、专业建设、教材选用委员会等作用进一步发挥，校院两级科学化、民主化、智能化决策与执行机制进一步完善，“院为实体，以群建院”的二级院系治理改革探索进一步深化，组建跨专业教学组织，并完善制度设计、运行规范和评价办法。

深化以千日成长为主线，爱生节为载体，关爱学生进步、关注学生困难、关心学生就业“三关”体系为支撑，满足个性化成长需求为导向的发展服务型工作体系，教师教书育人使命进一步增强，学生成长成才动力进一步激发，改革创新精神、干事创业热情、担当作为责任得到进一步弘扬。

构建金院“智慧大脑”，打造信息化建设样板校

潘明风
（浙江金融职业学院）

互联网时代，云计算、大数据、物联网、虚拟现实、人脸识别等现代科技深刻改变着人类的思维、生产、生活及学习方式。信息技术对教育发展也产生了革命性的影响。教育现代化是国家教育改革发展的战略目标，教育信息化是教育现代化的重要组成部分，加快推进教育信息化已经成为普遍共识。中国特色高水平高职学校和专业建设计划（以下简称“双高计划”）提出建设一批当地离不开、业内都认可、国际可交流的高职学校，为职业教育改革发展和培养高素质技术技能人才发挥示范引领作用，到2035年，一批高职学校和专业群达到国际先进水平，引领职业教育实现现代化。“双高计划”提出“一加强、四打造、五提升”十大改革任务，其中提升信息化水平为十大改革任务之一，是高职院校内涵建设和质量提升的重要内容。“双高计划”是一项系统性工程，对高职院校提升信息化水平改革任务的背景动因、思维模式、工作方针、建设内涵等问题的认识将决定高职院校未来信息化发展的高度。

作为“双高计划”院校，应该正确把握互联网时代教育改革发展的时代特征，将信息化作为关键要素深度融入“双高计划”各项改革任务中，做好顶层设计，与教育教学和管理深度融合，从融合到创新，不断探索实践，以信息技术为支撑促进教学方式、学习方式、评价方式、教研方式、管理方式的转变，将信息技术融入学生自主学习能力、解决问题能力及创新思维的培养中，不断丰富优质教育资源，不断创新教学模式及方法，构建智慧型教育服务体系，助推教育模式、形态、内容、方式的变革，提升高职院校办学水平和人才培养质量，推动院校教育事业的

科学发展，最终实现高职教育现代化。

一、高职院校信息化的发展背景

（一）高职院校信息化的社会背景

从全球经济和产业来看，新一轮科技革命和产业革命正在蓬勃发展，人工智能、大数据、区块链等重大科技创新引领全球生产关系大变革，并推动经济全球化发展。从我国经济社会整体来看，信息化已成为经济高质量发展的新动力，是加快新旧动能转换、推动产业转型升级的内生动力和关键生产要素，以信息流带动技术流、资金流、人才流、物资流，打通经济社会发展的信息"大动脉"，助力"中国制造"向"中国智造"的转型。

（二）高职院校信息化的政策动因

当前，云计算、大数据、物联网等新技术逐步推广应用，经济社会各行业信息化步伐不断加快，社会整体信息化程度不断加深，信息技术对教育的革命性影响日趋明显。从教育自身来看，以教育普及化、终身化、个性化、国际化、信息化为主要特征的教育现代化已经上升为国家战略，并提出了一系列的规划纲要、实施方案和行动计划，教育信息化迎来重大历史发展机遇。《中国教育现代化 2035》将加快信息化时代教育变革作为十大战略任务之一，建设智能化校园，统筹建设一体化智能化教学、管理和服务平台，利用信息技术加快推动人才培养模式、教育服务业务、教育治理方式变革，明确了教育信息化中长期战略目标及核心任务。《加快推进教育现代化实施方案（2018—2022 年）》将大力推进教育信息化作为十大重点任务之一，着力构建基于信息技术的新型教育教学模式、教育服务供给方式以及教育治理新模式，明确了教育信息化近期的建设目标及重点任务。教育信息化2.0行动计划，引领教育信息化发展进入"转段升级"的2.0阶段，围绕新时代教育质量提升主题，信息化越来越成为引领教育现代化发展、支撑教育系统性变革的内生变量，成为推动教育服务供给模式、人才培养模式、治理方式变革和构建新时代人才培养体系的重要抓手。

(三)高职院校信息化的发展方向

高职教育作为高等教育的一个类型，以培养一线高端技能型专门人才为目标，以校企合作、产学结合为办学方针，其核心任务从规模发展向提高质量转变。高职院校信息化建设顺应了经济社会转型升级、职业教育提质升级的发展趋势，对接高职院校改革发展和质量提升需求。制造强国建设以及产业转型升级对知识型、技能型、创新型劳动者的需求，继续为"升级版"的职业教育提供支撑。信息化应成为高职院校深化产教融合、推动"三教改革"、突破质量升级和模式变革的重要驱动力量。运用云计算、大数据、人工智能等新一代信息技术，高职院校可以在内涵建设、模式变革和质量控制等方面，开展创新性探索和实践。

二、高职院校信息化的发展现状

历经二十载，高职院校信息化从数字化校园阶段向智慧校园阶段发展，无论是信息化业务运行、技术框架还是建设模式，智慧校园建设呈现出与数字校园不同的发展态势。智慧校园是数字校园建设发展融合创新的新阶段，是对高职教育的彻底全面的改造。除了运用传统信息技术外，还综合运用了云计算、大数据、物联网、移动互联、人工智能、社交网络、虚拟现实等新兴信息技术，全面改造并智能感知校园物理环境，智能识别并辅助师生群体的工作、学习及生活，将校园物理空间和网络数字空间有机融合，并相互作用，彻底改变师生与学校资源、环境的交互方式，实现了高职院校的智慧化运行。

（一）教育形态广泛重构，业务深度融合

从信息化业务运行来看，与数字校园主要注重传统业务的管理信息化相比，智慧校园更加重视跨部门间业务的衔接性，以及校园业务整合的一站式服务，更加重视利用云计算提供所需所用的资源服务，更加重视利用移动互联随时随地提供服务，更加重视利用物联网提供实时动态智能感知，更加重视利用大数据提供科学分析和决策支持等更多的新兴信息技术的深度融合应用。在智慧校园建设阶段，高校信息化由条块式管理信息化发展为业务融合信息化，信息技术与业务的关系从组合、整合进入解构、优化乃至重构的融合创新阶段，新型教育教学模式广泛创新，打造智慧教育形态。

（二）开放技术生态框架，提供柔性基础设施

从技术框架来看，大数据、云计算、物联网、移动互联、人工智能、社交网络、虚拟现实等新兴信息技术在高校的广泛应用，改变了数字校园的技术形态，各种技术形式的综合性复杂运用得到彻底发挥。单个企业在某一技术领域的深化应用产品得到用户认可，如基于云计算的网盘应用，产品的可集成度也大大提升。因此，在智慧校园整体解决方案中，建立支持开放技术生态的服务框架显得尤为重要，同时，也需要有柔性的技术基础设施。

（三）轻量快速迭代开发，联合运维模式

从建设模式来看，数字校园传统的统筹建设、分步实施的建设模式已经无法适应当前的技术生态，智慧校园建设应在学校总体规划下构建多方参与、开放共享的建设模式，构建轻量级/碎片化、快速迭代的

发展模式，如基于流程引擎的网上办事大厅。从智慧校园运维来看，智慧校园信息化基础设施及应用的平台技术复杂度不断提高，各类社会信息系统不断引入，如阿里云等，因此，高校自身信息化队伍及传统的自我运维方式已经难以支撑，应构建与智慧校园专业服务商、社会信息系统供应商、运维供应商协同的联合运维模式，智慧校园的建设发展才是可持续的。

三、高职院校教育信息化思维模式

教育信息化肩负变革教育的时代期望，要真正实现创新和突破，必须有正确的思维模式，从思考方式和行动逻辑上定准方向。信息化具有动态性、过程性、创新性等特征，不是单纯的技术，其本质是一种思维方式，其关键是“化”，用互联网思维、系统性思维、大数据思维、不确定性思维来解决教育教学改革与发展中面临的大量不确定性问题，形成新的教育应用，催生新的教育业态。

（一）互联网思维

互联网的本质是基于平等、开放的高效互动，包括人与人之间的互动，也包括人机互动。互联网成就了现代商业，形成了用户至上、体验为王的互联网思维，是最根本的商业思维，体现出人性化特点。互联网思维同样适用于高职教育改革。运用互联网思维对学校办学思路、教师教学方法和手段、学生学习方法、学校日常管理等进行重新审视，以生为本，服务企业，高职改革应以尊重并满足学生和企业需求为根本出发点和落脚点，以学生成长为中心，满足企业发展需求为目的，进一步深化以“工学结合”为核心的校企合作，提升学生的参与度、满意度和企业的接受度。

（二）系统性思维

高职教育是国家教育体系中的一个子系统，教育信息化是教育系统的一个子系统，以学校小型教育生态系统为单位组成。教育信息化发展至今对我国教育改革而言具有战略性和全局性的意义，在与教育教学各方面融合中发挥了重要的作用，形成了阶段性成果，其是一个持续性发展的过程。高职院校必须以系统性思维来看待教育信息化。未来教育必将是构建在互联网基础上的新教育，未来教育离不开教育信息化，并将与教育所包括的一切空间或对象进行深度融合，未来的教育信息系统也必将实现简约化、服务目标精准化，符合人类行为习惯和教育发展规律，对原有教育系统会产生颠覆性的改善。

（三）大数据思维

传统的决策靠的是直觉、经验和洞察力，体现了管理的艺术性，而科学决策靠数据模型等量化指标，遵照自然规律或理论指导去进行决策。高职院校管理中的决策多以传统决策与简单化的科学决策为主，简单化的科学决策是对办学状态数据因果关系的反映。大数据思维运用的是大数据技术的思维方式，能够实现复杂的科学决策。大数据驱动的教育决策将使用先进的数据挖掘与分析方法去归纳数据的关系模式，从看似无关的数据中发现有意义的关联，在没有先验理论假设的基础上实现推论和预测，提供基于全维度数据的决策建议，真正实现教育管理的科学化、教学精准化、学习个性化、教育评价科学化、教育服务人性化，实现智能化教育。

（四）不确定性思维

教育系统本身就是复杂的混沌系统，不确定性也是教育的基本规律之一。已知的教育因果关系无法解决未来教育可能出现的复杂教育问题。运用教育大数据进行相关性分析，去发现混沌状态的教育系统问题中隐含的相关关系，并为不同的教育主体提供决策或判断依据。而在面对大量相关性分析结果时，数据之间的相关性在揭示规律的同时，也会带来大量伪关系，需运用不确定性思维看待相关性分析结果，利用理论模型和实验进一步分析和验证，以揭示相关性的意义，区分有意义和无意义的相关性。

四、高职院校信息化工作方针

（一）坚持应用驱动，服务是宗旨

坚持以用户为中心，以创新服务为宗旨，由点及面、由单一工作到教育教学的全过程，以服务促应用，以应用促建设，不断拓展信息化应用的广度和深度，开展在线学习、教学诊断、流程管控、基础服务等各类应用，从而服务学生、服务教师、服务管理者、服务决策者、服务社会，进而服务高校教学改革及人才培养。

（二）遵循标准规范，开放是核心

高校信息化平台建设是一项系统工程，在遵循国家、教育部、省级主管部门等制定出台的标准规范的同时，要构建校级相关的数据标准、建设规范，各业务应用要开放性设计，统一应用系统标准，保障系统互通、数据共享和业务的集成，避免孤岛式应用，使教育管理信息化能够充分发挥整体效用。

（三）坚持统筹规划，共建是关键

智慧校园建设是一项庞大工程，涉及办学各领域，是高职院校一把手工程，要坚持整体规划、统筹推进，需要统筹部门、业务部门、技术部门、企业等多方共同参与,凝心聚力、相互协作,构建权责清晰的组织体系,形成共建共享的开放合作机制,实现同频共振的生态。

(四)坚持绩效评估,机制是保障

智慧校园建设是一项长期复杂工程,技术性强,常态化开展信息技术培训,提升师生素养,建立绩效评价机制,以评促建,以评促用,以应用效果作为信息化建设的评价标准,建立应用绩效评估体系,创新信息化建设管理机制,构建运维服务体系,保障智慧校园建设的可持续发展。

五、"双高计划"提升任务建设内涵

(一)创新实践、构建生态,奏响同频共振的主旋律

智慧校园建设是一个系统性工程,涉及课堂教学、教学评价、招生就业、教务科研、人事财务、资产后勤等教育教学和管理服务的方方面面,与全体师生员工密切相关,应建立权责清晰、执行有效的组织体系,严谨规范、全面落地的制度体系,全员参与、相互协同的工作机制,技术先进、开放融合的技术架构,并真正作为一把手工程,打通堵点、解决痛点,科学、有序推进实施。智慧校园建设是对传统教学模式、管理方式的变革,不是简单的数字化、网络化,需要群策群力,引导创新、鼓励创新,不断探索实践、总结深化,逐步实现全过程、全方位的新型智能化教育生态。智慧校园建设以改进教学、优化管理为目标,以绩效为导向,建立相应的配套激励制度、技术人才保障,营造全员参与的氛围,实现同频共振,充分发挥信息技术和智能技术创新引领作用,改革人才培养模式、教育管理服务模式,推动智慧校园又快又好的建设。

(二)统一平台、安全保底,把牢持续发展的定盘星

学校信息化应从传统职能条块式管理信息化向业务融合一体化发展,技术与业务的关系从转化、整合变为优化、重构的融合创新发展,体现管理服务的智能化、人性化。学校在行政管理信息化建设中要加强信息系统的统一规划,信息系统建设要兼顾适应性、前瞻性以及统一性,系统建设要与职业院校当前发展的阶段相适应,也要考虑必要的技术前瞻性。学校应在国家、教育部、省级标准和规范的基础上,建立校级数据标准、技术规范、共享机制,保障系统互通、数据共享和业务的集成,真正避免孤岛式建设。建立统一的数据平台,规避烟囱式、孤岛式建设独立的信息系统,确保数据的一致性,实现有效的数据共享,为教育大数据的应用奠定基础。建立统一的信息门户平台,集成师生全生命周期一站式的应用、服务、流程,实现一网通办,让数据多跑路、师生少跑路。建立统一的移动端平台,适配用户的使用习惯,选择主流移动服务平台,如微门户(微信)、APP(公有云)、钉钉等主流服务商,保障平台的稳定性及快速迭代升级。所有业务的发展需建立在网络信息安全的基础之上,高职院校应守住安全底线。遵循国家网络安全等级保护制度,符合等保2.0要求,利用新技术手段,覆盖各类智能技术,常态化开展信息系统等级保护测评,并及时优化升级。建立网络信息安全制度、安全应急预案,安全管理和安全风险事件处置有据可依。强化业务管理员、系统管理员安全责任意识,分工协同。开展网络安全监测预警,重点保护重要数据和信息安全,严密保护隐私,逐层开放,有序共享,确保广大师生的切身利益不受侵害。

(三)专业融合、三教改革,打造引领发展的主阵地

以“信息技术+”升级传统专业,在信息化环境支持下,改革课堂教学方式、教学过程,使之符合职业教育教学工学结合、知行合一的要求,

培养高技能人才。以专业群为体系，以课程组为单元，梳理岗位技能点和知识点，形成专业技能谱和知识链，建立教学一体化大平台，面向课堂教学主阵地，推动探究式、混合式、翻转课堂等新型教学模式，开展课堂互动、分组研讨、虚拟演示等技术支持下的课堂教学活动。做好学情数据采集、挖掘工作，分析教学大数据，反馈教师、学生和管理者，助力教与学的同时，提升教学的精准度。加大教育信息化的科学研究，探索教育信息化发展的规律，并在实践领域不断运用，积极探索新型教学模式，并在实践中检验、推广。创新教学工作的思路与方法，从而实现信息化应用从量变到质变，实现教和学的新模式。

(四)校企合作、产教融合，共筑互惠共赢的阳光道

产教融合发展模式是国家针对职业教育改革升级提出的战略性方针，企业应成为职业教育发展的关键主体之一。高职院校信息化建设要充分对接校企合作政策，实现校企合作平台的高效落地，形成互利共赢的合作模式。将技术纳入教育生态系统中，学校和企业在发挥各自作用的基础上，应协同合作，相互作用。企业拥有丰富的资源，包括大数据、人工智能等先进技术，人才需求、岗位技能标准、创新创业案例等教学资源，拥有掌握了先进技术的技术员、技术师等优势。高职院校校企合作应充分利用企业优势资源，通过与创新企业合作，将创新技术与服务纳入教学的信息化环境中，探索针对学校前瞻性需求的技术产品与服务的定制与研发。通过校企师资交流促进教师专业发展，对接企业岗位职业需求、标准，不断完善和丰富教学资源，深入开展“现代学徒制”人才培养工作，实现岗位培养零距离。基于学校的实践现场和学校的前瞻性需求吸纳企业技术的创新应用和服务，以推动学校的教学创新。信息化建设在校企合作中不仅能够改变人才教育活动的方式，也变革了人才与知识转化的途径，使得校企合作的机制能够有效落地，并发挥长效作用，有效解决人才培养供给侧和产业需求侧在

结构、质量上的脱节问题,促进教育链和产业链的有效衔接,实现供给模式改革。

(五)更新观念、转变思维,下好素养提升的先手棋

高职院校现阶段信息化建设发展参差不齐,期望高,效果不尽如人意,其根本原因就是高职院校对信息化的认知不够深入,还停留在网络、机房、系统等浅层次阶段,并没有突破技术思维藩篱,所以更新教师、行政管理人员的思想观念是当前高职院校信息化建设的首要任务。高职院校信息化关键主体要转变思维,运用互联网思维、信息化思维去创造性地开展工作,破解传统手段无法解决的问题。教师是技术与课堂实践整合的关键要素,是使技术变革教育可能发生的主要力量,因此,应重点加强教师信息技术应用能力培养,将其纳入教师自身专业知识结构中,养成内化于心、外化于行的信息素养,推动“互联网+”环境下的人才培养。同时,需要提升管理者信息素养,以信息化的思维来设计、实现各项管理和服务工作。提升行政管理人员信息技术处理能力,常态化开展信息技术知识培训,不断学习和掌握新的信息技术技能。提高行政管理人员自身创新意识,利用信息技术解决实际工作中存在的不足之处或者不便之处,推动学校治理水平的提升。双管齐下,为新型智能化教学体系构建提供最根本的技力支撑。

六、浙金院“双高计划”提升信息化建设方案

以习近平新时代中国特色社会主义思想为指导,贯彻落实教育部《教育信息化 2.0 行动计划》《新一代人工智能发展规划》等文件精神,紧扣创建中国特色高水平职业学校新任务、新使命,积极推进“互联网+职业教育”改革,牢固树立创新、协同、开放、共享、绿色的发展理念,坚持“育人为本、顶层设计、系统推进、引领发展”原则,不断完善智慧校

园体系架构，构建智能感知型教学环境体系，全面丰富数字化教育资源，提升智能化校园治理水平，为学校育人机制、办学体制、治理体系等综合改革注入核心内生动力，探索形成具有高职特色的教育信息化发展路径。

（一）建设目标

到2022年基本完成“一个中心、三大平台、两个专业”建设，即打造全量大数据创新服务中心，建设智慧教学育人服务平台、智能校务综合服务平台、大数据网络安全态势感知平台三大平台，建成大数据分析与应用、人工智能两个专业，形成金院“智慧大脑”，努力构建“互联网＋”条件下的人才培养新模式，发展基于互联网的优质教育资源供给服务新模式，探索信息时代学校教育治理新模式，智能感知型教学环境体系基本形成，优质数字化学习资源基本满足，学生自主、泛在、个性化学习基本实现，校园精细化、人性化管理服务基本达成，适应数字经济发展的新专业建设基本完成。

（二）改革发展举措

1. 打造全量大数据创新服务中心，为高水平、智能化智慧校园全面赋能

整合“数字资源、教学数据、业务数据、机器数据、网络数据”等学校发展全面数据，形成金院大数据资源池，实现“数据共享、智能填报、主题分析、评估预警”等核心功能，打造金院大数据“智慧大脑”，充分发挥数据共建、集聚共享价值。通过数据统计、挖掘、分析、展现、共享等技术手段，实现“高基报表、数据采集、绩效考核、职称评聘、专项报表、个人填报”等六大数据智能填报服务，实现自动填报、版本管理、汇总分析。推出“综合校情、人事主题、学生主题、科研主题、资产主题、图书主

题”等六大主题多维分析功能，实现各类主题数据的可视化呈现，辅助决策。进行数据深度挖掘、机器学习等，搭建“教师发展、学生学情、课堂教学、学生安全、内部控制、网信安全”等六类大数据分析评估模型，建设“教师个人发展评估系统、学生个人发展评估系统、课堂教学精准评估系统、学生个人行为预警系统、学校内部管理控制评估系统、校园网络信息安全预警系统”等六大大数据预警反馈系统，构建学校人才培养、校园治理、校园生活的精准评价、预警、反馈体系，建成全量大数据创新服务中心，为学校综合改革、领导管理决策、师生教学创新等提供科学化、智能化、个性化、人性化、全方位的数据支撑和服务，将信息技术转化为高水平学校发展系统的核心内生动力，为学校教育教学与人才培养全面赋能。

2. 建设智慧教学育人服务平台，为高素质、个性化人才培养全面服务

启动“人工智能＋教师队伍建设行动”，开辟人工智能支持教师治理、教师教育、教育教学、精准扶贫的新路径，推动教师更新观念、重塑角色、提升素养、增强能力，探索基于人工智能的新型教学模式，重构教学流程，促进课堂教学方式创新变革，提升学习的有效性，满足自适应、个性化学习的需要。

(1)实施智能化教学设施提升工程。综合运用5G、VR/AR、物联网等新兴技术，创新改造传统课堂教学环境，加强智能互动教室、虚拟实训基地、专业群产业学院等智能化教学基础设施建设，构建技术赋能的教学环境，打通课堂内外、网络学习和综合学习界限，实现课堂教学的无感采集，对接金院“智慧大脑”，打造金院智能教学示范区。

(2)实施教师信息素养提升工程。开展学校管理团队信息化领导力提升培训，将学校信息化发展规划的制订与落实作为培训主线，指导管理团队结合学校教育教学改革发展目标，形成学校信息化发展规划，推进智慧校园建设。开展教师信息技术应用培训，将集中培训、网络研修与实践应用相结合，开展教学案例研讨、课堂实录分析等信息化教学研修，打造“技术创新课堂”，提高运用信息技术进行学情分析、教学设计、学法指导和学业评价的能力，满足学生个性化发展需求，助力学校教学创新。

（3）实施学生信息素养培育工程。加强对学生在课内外一体化的信息技术知识、技能、应用能力以及信息意识、信息伦理等方面的培育，将学生信息素养纳入学生综合素质评价。制定学生信息素养评价指标体系和评估模型，开展规模化测评，实施有针对性的培养和培训。

（4）实施课堂精准教学创新示范工程。以校级教学资源库为依托，基于知识图谱建立岗位能力、知识技能、学习资源架构，以金院“智慧大脑”精准课堂教学分析、学生学业评估模型、学生画像等为支撑，建立大数据自适应教学体系，实现以岗位能力培养为核心的教学资源智能化推荐，助力学生个性化精准培养。

（5）实施5G＋智能学习空间试点工程。适应下一代网络技术发展，服务全时域、全空域、全受众的智能学习新要求，以增强知识传授、能力培养和素质提升的效率和效果为重点，以国家精品在线开放课程、示范性虚拟仿真实验教学项目等建设为载体，加强AI金融等大容量智能教学资源建设，加快建设在线智能教室、智能实验室、虚拟工厂等智能学习空间，积极探索基于区块链、大数据等新技术的智能学习效果记录、转移、交换、认证等有效方式。

3. 建设智能校务综合服务平台，为高效率、人性化学校治理提供全面支撑

对接学校治理标杆建设目标，运用人工智能技术变革组织结构和管理体制，优化运行机制和服务模式，构建金院“人、财、事、物”的全方位智能化管理和精细化服务体系，实现校园精细化管理、个性化服务、科学化决策，构建“智能＋”治理新生态，全面提升学校治理水平，助力“幸福金院”建设。

(1)推进“互联网＋校务管理服务”建设。不断健全学校“互联网＋校务管理服务”网上办事大厅建设，深化“最多跑一次”改革，实现校务服务统一申请、集中办理、统一反馈和全流程监督，做到事项清单标准化、办事指南规范化、业务办理协同化，实现“一张表管理”和“一站式服务”，切实让师生少跑腿、数据多跑路，增强师生获得感。

(2)推进“人工智能＋校园管理”建设。不断深入人脸识别技术在校园管理的应用，改造校内消费场景(如食堂用餐、医务就诊等)、场所管理场景(实训场所门禁、寝室门禁等)、教学过程场景(考试平台身份验证、课堂教学考勤)、校园生活场景(校园访客验证、图书自助借还)，为师生工作、学习、生活提供便捷、安全的服务。采用语音识别技术，建设智能咨询平台，实现师生网上一句话通办。采用物联网技术，打造校产智能物联管控平台，实现资产管控一网式覆盖；采用区块链技术，打造智能化财务管控平台，实现学校财务管理一站式内控。

4. 建设大数据网络安全态势感知平台，为高安全、智能化校园网络提供全面支撑

为应对日益严峻复杂的网络安全形势，基于原有 WAF、IPS、FW 等安全设备，打造“大数据网络安全态势感知平台”，实现众多网络安全设备海量安全日志数据收集与解析、多维护关联分析，快速定位风险威胁、多环节协同安全防御，闭环安全问题、多维度多视角实时呈现安全态势，为校园网络信息安全保驾护航。

5. 与华为共建 ICT 产业学院，对接高端产业人才培养，助力传统专业全面升级

信息与互联网金融学院与华为公司共建华为 ICT 学院，合作共建大数据应用技术和人工智能专业，依托“大数据＋智能＋金融”赋能科技金融发展，不断探索完善科技金融，积极服务浙江省金融万亿产业发展，努力打造“金融黄埔”发展新名片。

（三）预期的标志性成果

建成浙金院大数据“智慧大脑”，实现人事人才、教育教学、专业群建设、招生就业、学校科研、学校资产、图书借阅等主题域数据分析、大屏展现，学生心理健康、学生行为、学生学业、班级行为、专业发展、学校舆情等预警分析，以及贫困生精准奖补、就业招聘推荐、校情分析决策等大数据智能应用。

探索“互联网＋”条件下的人才培养新模式、优质教育资源供给服务新模式、学校教育治理新模式、校企合作新模式，形成具有高职特色的教育信息化发展路径，打造高职院校信息化建设示范校。

服务“一带一路”建设，打造国际职业教育特色校

刘仿强　魏　吉
（浙江金融职业学院）

一、引言

改革开放42年以来，中国已成为世界第一大货物贸易国和出口国，中国的商品、服务、技术和资本与世界的互动更加频繁与深入，复合型高技术技能人才的全球流动已成为不可阻挡的趋势和潮流，越来越成为企业“走出去”参与全球价值链的关键要素。“一带一路”建设的持续推进，使得教育的前置性和先行性作用凸显，国际产能合作更离不开职业教育国际化人才、技术技能对接等服务保障体系的构建，这对以培养高水平技术技能人才为目的的职业教育的内涵建设和改革发展提出了新的要求。2019年4月，教育部、财政部发布《教育部 财政部关于实施中国特色高水平高职学校和专业建设计划的意见》（以下简称“双高计划”），提出要“集中力量建设一批引领改革、支撑发展、中国特色、世界水平的高职学校和专业群”，“国际化”为核心建设内容之一，赋予高职教育现代化发展新的内涵和要求。近年来，中国高职教育的国际化遵循了从被动到主动、从单向到双向、从“引进来”到“走出去”、从规模发展到“质量提升”的逻辑过程，合作形式丰富多彩，成效喜人，但是服务国家战略、提供国际职业教育公共产品的能力和经验不足，与培养具有国际视野、通晓国际规则、善于跨文化沟通的专业技术技能人才，形成中国职业教育的国际品牌这一目标还存在一定差距。因此，在“双高计划”建设背景下，重新认识和理解高职教育国际化发展的

重要性，梳理和解读职业教育国际化政策，基于浙江金融职业学院发展实际，提出针对性的国际化建设实施路径，对推进学校打造国际职业教育特色校具有重要意义。

二、职业教育国际化发展的重要性和政策演进

国际化是新时代高职院校对接高质量实体经济发展需求、提升办学水平、聚焦内涵建设、凝力创新发展的必然要求，也是我国高职教育打造世界品牌，提升国际影响力的战略举措。党的十八大以来，我国职业教育国际化发展逐步迈向以转型升级、提质增效为主要特征的新阶段，政府相继出台相关政策从顶层设计层面进一步明确职业教育国际化发展的目标、功能定位、具体内容和推进路径，为职业教育国际化发展举旗定向。2013 年，教育部发布《关于 2013 年深化教育领域综合改革的意见》，将教育对外开放作为教育体制改革的重要内容之一，为职业教育国际化工作的高质量、内涵式发展奠定基础。2014 年，国务院出台《关于加快发展现代职业教育的决定》，提出“到 2020 年，形成具有中国特色、世界水平的现代职业教育体系”，“建成一批世界一流的职业院校和骨干专业，形成具有国际竞争力的人才培养高地”，明确了现代职业教育国际化的建设目标。同年，在此基础上，教育部等六部门印发了《现代职业教育体系建设规划(2014—2020)》，提出鼓励职业院校“走出去”办学，服务国家对外开放战略，加快培养适应我国企业和产品“走出去”要求的技术技能人才，将国际化融入职业教育的办学模式中，推动国际化的双向互动发展。2015 年，教育部发布《关于深入推进职业教育集团化办学的意见》，强调国际化的功能属性，要服务“一带一路”倡议，提升我国职业教育国际影响力和产业国际竞争力。同年，教育部编制的《高等职业教育创新发展行动计划(2015—2018 年)》提出要实质性扩大国际交流合作，并从“引进境外优质资源”“支持优质产能‘走

出去'""扩大职业教育国际影响"等方面明确了职业教育国际化的主要任务。自2016年起,教育部在高等职业教育质量年报中首次将国际影响单列为衡量高职院校办学质量的维度之一,在实践层面进一步加大了高职院校进行教育国际化改革的内源动力。2017年,国务院办公厅发布《关于深化产教融合的若干意见》,将加强国际交流与合作作为深化产教融合的政策支持体系,再次强调鼓励职业教育参与"一带一路"倡议和国际产能合作,联合培养国际化应用人才。2019年1月,国务院印发了《国家职业教育改革实施方案》,将"建成覆盖大部分行业领域、具有国际先进水平的中国职业教育标准体系"作为职业教育改革创新的重要目标之一。同年4月,《教育部 财政部关于实施中国特色高水平高职学校和专业建设计划的意见》提出集中力量建设50所左右高水平高职学校和150个左右高水平专业群,并将"国际化"作为十大核心改革发展任务之一。2020年6月,《教育部等八部门关于加快和扩大新时代教育对外开放的意见》进一步指出,教育对外开放是教育现代化的鲜明特征和重要推动力,要以习近平新时代中国特色社会主义思想为指导,坚持教育对外开放不动摇。这些政策的发布和实施都为职业院校开展国际交流与合作提供了政策依据和行动指南。

三、"双高计划"关于高职教育国际化的内涵解读

建设一批"引领改革、支撑发展、中国特色、世界水平的高职学校和专业群"是"双高计划"的建设目标,而这一目标的实现有赖于高职院校坚持教育对外开放不动摇,以构建人类命运共同体的高度,以国际化的视野和格局推进双高建设,打造有质量、有标准、有特色、有水平的高职教育,积极融入世界职教话语体系,参与职教全球治理,为直接职业教育发展提供中国方案。"双高计划"中各阶段高职教育国际化的发展目标和建设任务,主要包含以下几层含义:

（一）中外融通，以我为主，借鉴引进国际优质职教资源

借鉴引进国际优质职教资源，并不是简单地照搬照抄和拷贝复制，而是应更注重提升“引进来”的层次、水平和内涵，从“以他为主”向“中外融通”和“以我为主”的方向升级换代，从“我”的需求出发引进先进、成熟和适用的国外优质职教资源，消化吸收、本土移栽、融合创新、为我所用。聚焦世界科技前沿和国内薄弱的专业领域，加强与跨国企业和职业教育发达国家的交流合作，通过开展多种形式的国外合作共建专业、实验室和实训基地，引进优质国际职教标准和职业证书体系，加强对国际职教标准的深入研究，推动职教实践与国际职教标准有效对接，升级再造专业建设流程和人才培养模式，推进高水平专业、重点建设专业、特色优势专业全链条的校本标准体系建设，并以此为突破口参与制定职业教育国际标准，增加在国际职业教育领域的话语权。

（二）中国特色，世界水平，开发制定国际通用职教标准

“推出一批具有国际影响的高质量专业标准、课程标准和教学资源”是“双高计划”重要的建设任务之一，也是树立我国职业教育国际影响力和话语权的主要抓手。高职院校应主动对标“世界一流”的国际职教标准，加强与信誉良好的相关国际组织、行业协会、跨国龙头企业合作，积极参与国际职教分工，制定和开发国际通用的行业、专业和职业标准，构建中国职业教育在优势领域的标准体系，扩大我国职业教育的话语权和影响力。以留学生教育、境外办学项目、援外培训和国际职业培训为突破口，积极推动中国标准“走出去”，重点突破，以点带面，示范辐射，助推优势领域的专业标准、课程标准、职业技能评价标准、教学资源和优质师资“走出去”，为世界职业教育提供“中国标准”和“中国方案”。

（三）主动作为，多方协同，积极参与“一带一路”建设

实现“一带一路”倡议，重点是实现“五通”，而教育交流为沿线各国民心相通架设桥梁，人才培养为沿线各国政策沟通、设施联通、贸易畅通、资金融通提供支撑。高等职业教育参与“一带一路”建设，首要的任务是人才培养。高职院校应在“五通”中寻找自己的契合点，以教育部《推进共建“一带一路”教育行动》为指引，重点在“一带一路”和国际产能合作的基础设施、工程建设、投资贸易、人文交流等重点领域，培养和输送具有中国情怀、能代表中国质量和中国标准的高水平技术技能人才，其中既包含培养输送到重点国家和重点产业开展产能合作、通晓当地语言文化的国内人才，也包括面向“一带一路”沿线国家培养知华友华的技术技能型留学生，同时还包括在当地通过境外办学培训培养的能满足中国“走出去”企业人才需求的本土化技术技能人才。在此过程中，加强与“一带一路”沿线国家高校、科研机构、智库的对话与交流，通过开展长短期相结合的文化体验、实习实践、培训教育、国际赛事、田野调查、学术会议等师生互访、合作研究和文化交流项目，增进国际理解，结合人文交流将深化产能合作推进到民心相通的深层合作。

（四）积极探索，科学施策，多渠道援助发展中国家

深度服务“一带一路”建设和“南南合作”，为发展中国家共建“一带一路”提供人才支撑和智力支持，探索援助发展中国家职业教育的新模式是“双高计划”中高职教育国际化发展的重要任务，更是高职教育新时代对外开放的使命担当。一方面，高职院校应打造中国特色高水平的国际职教留学品牌，提升留学生教育质量，服务国家总体外交战略，推动公共外交，扩大招生规模，优化生源结构，培养适需的境外人才。依托学校的专业优势，充分利用现代信息技术，开发多语言授课、

线上线下结合的课程体系，打造来华留学生教育品牌课程和品牌专业，同时探索以学历教育为基础的教育教学模式，以优质的教育资源和教育服务为发展中国家培养经济社会发展急需的技术技能人才。另一方面，服务国家整体援外战略布局，创新合作模式，打造主题化、特色化、有针对性的援外培训项目，基于发展中国家的社会经济发展现状和产业发展、社会治理需求，聚焦扶贫、金融、贸易、航运、城市规划、基础设施、科技创新等领域，为发展中国家的政府官员、技术人员、管理人员开展语言、文化、技术、管理等人力资源综合开发培训，传授和分享中国的发展经验和资源，发出中国声音，讲好中国故事，让发展中国家共享“一带一路”建设成果。

（五）产教融合，协同创新，做强做深国际职业教育服务

创新“校政行企研”合作模式，做强做深国际职业教育服务，是“双高计划”建设下高职院校推进国际开放办学的重要任务之一。高职院校应探索构建校、政、行、企、研协同作用的实体化国际科教创新服务平台，以人才培养、技术服务、国别和区域研究、双向人文交流等为切入点，创新政策咨询、企业培训、人文交流等国际职教服务体系建设。一方面，做强问题导向的政企培训品牌，以当地政府推进“一带一路”倡议和“走出去”企业发展问题为导向，积极开展“一带一路”沿线国家的国别和区域基础研究和应用对策研究，为地方政府、对外经贸企业和相关需求方提供智库咨询和培训服务。承接“走出去”中资企业海外员工教育培训，建设一批鲁班工坊、丝路课堂、丝路学院、海外语言中心、职业培训中心、文化交流中心等多形式的海外职业教育培训机构，为相关国家培养认同中国文化、满足当地社会经济发展急需的技术技能人才。另一方面，擦亮“人文交流、合作共赢”品牌，培养一批具有较好国际交往能力、较高专业培训水平的师资，让其承担起民间大使和文化使者的职责，加强与国外高校、智库、行业、企业的对话与交流，提升高

职院校对外交流软实力，形成多层次、宽领域的交流与合作，促进民心相通，推动共同发展，实现互利共赢。

四、“双高计划”建设背景下浙江金融职业学院提升国际化水平的建设路径

（一）输出金融科技、跨境电商等的专业标准和课程，为当地培养技术技能人才

推进金融科技、跨境电商的校本标准建设，主动参与国际标准制定，合作开发符合国际行业、职业规范的行业、职业和课程标准。在东南亚国家设立“数字国际贸易学院”，推进“一带一路”国家跨境电商能力建设。在金融科技、跨境电商等优势领域，与东盟、东南亚国家和中东欧等“一带一路”国家高校，共同开发跨境电商、移动支付、普惠金融等人才培养课程体系和员工培训的国际化版本，培养当地相关领域人才，输出我校优势专业和我国优势领域的专业标准和行业标准，让我校优质职教师资力量与课程资源“走出去”，为“一带一路”国家培养满足当地经济社会发展需要的跨境电商、移动支付、普惠金融等人才。

（二）设立“丝路学院”，面向“走出去”企业员工开展海外职业培训

主动聚焦浙江省“一带一路”建设重点区域，借力与马来西亚、泰国等东南亚国家合作高校的专业合作项目，联合境外投资企业、海外高校及其伙伴企业，在东南亚地区四方共建“丝路课堂”，开展金融科技、跨境电商等优势领域的职业培训，推动技术技能人才培养的本土化。

主动对接浙江省深度参与的“一带一路”建设重点项目，与我省相关省级境外经贸合作区共建“丝路课堂”“丝路学院”“数字国际贸易学院”，建设学生海外研修和专业实习基地，服务学校人才培养；为“走出

去”企业提供市场调研、政策咨询等服务，对企业海外员工开展宏观经济形势、法律法规、金融体系、产业政策等方面的理论培训，以及金融科技、跨境电商等领域的业务培训；为企业外籍员工开设语言、文化和职业技能培训，服务“走出去”企业外籍员工的语言提高、技术提升、管理升级等方面的需求。

（三）依托捷克研究中心，打造综合性国际科教合作平台

依托捷克研究中心，深化与捷克等相关中东欧国家高校的教育合作，开展长短期培训、海外研修、课程共建、学分互认等多种形式的教育合作，提高学生国际化素养，培养更多符合区域经济转型升级、企业全球化发展需要的复合型国际化人才，促进教育供给侧与产业需求侧国际化要素更好匹配。

立足捷克，辐射中东欧，与包括捷克科学院、捷克相关高校智库等在内的中东欧国家科研机构和高校智库进行深度学术交流，开展合作研究，共创科研成果，提供双向咨询，实现社会服务功能。拓展合作渠道，丰富合作形式，深化合作内容，搭建国际科研合作平台。

加强与捷克政、商、学等社会各界的双向人文交流，邀请捷克各界人士来校访问交流、专题讲学，开展系列主题鲜明、内容丰富、形式多样的公共外交文化交流活动，充分发挥校内捷克馆的窗口展示作用，推动两国优秀文化互鉴互学，培育和打造“金丝带”国际文化交流品牌，在增进学生国际文化理解、提升学生综合素养和能力、服务学校人才培养的同时，促进民心相通。

（四）引进国际优质财经类职业教育资源，提升中外合作办学内涵和质量

继续深化中外合作办学，加大国际优质财经类职业教育资源引进力度，在现有办学成绩的基础上，总结经验，在开发课程、教材、专业标

准等方面加大合作力度；在引进优质师资的同时，实现我校优质师资走出去；创新师生海外专业研修形式和内容，丰富国际化应用人才培养的项目载体；充分发挥中外合作办学项目的示范效应，最大限度地提高中外合作办学的综合效益。

（五）服务教育援外，扩大面向“一带一路”国家留学生的教育规模

积极贯彻落实《中国教育现代化 2035》和《加快推进教育现代化实施方案（2018—2022）》精神，主动加强与“一带一路”国家的人文交流，扩大东盟、中亚、中东欧等国家留学生教育规模，构建集语言培训、专业教育、文化传播、创新创业教育于一体的留学生特色培养体系。利用系列专业课程体系，强化留学生的“互联网＋”思维，提升留学生在金融科技、数字贸易等行业所需的技术要求和能力水平，借力产业优势，开展留学生创新创业教育，以点带面，示范辐射，加大国际职教援助在发展中国家的外溢效应。

（六）优化育才引才聚才政策，加强国际化师资队伍建设

建立国际化领航人才培优计划，科学制定国际化人才的需求和评估体系，进一步优化育才引才聚才政策，坚持培养、引进、使用并重的原则，加强国际化师资队伍建设。在育才方面，建立个性化、特色化和项目化的教师国际化综合能力提升培养和培训制度，针对学科带头人、教学名师、青年人才等不同人群制订分层次的提升、培养和支持计划，拓展教师成长成才空间。围绕国际金融和国际贸易实务高水平专业群的建设需求，捷克研究中心、浙江省跨境电商综合服务应用技术协同创新中心、浙江地方金融发展研究中心、高等职业教育发展研究中心等科研平台建设需求，中外合作办学项目、外籍教师、留学生等项目管理需求，实施基于国际化教学能力、科研能力、管理能力的专题培训、

访学、田野调查、援外培训、海外留学等长短期国际综合素养能力提升项目，通过自主申报、择优资助的原则，鼓励教师特别是青年教师积极参加海外培养培训计划，提升在职教师的国际化综合素养。在引才方面，建立多层次、高效且长效的引才政策，促进人才交流共享。一方面，通过公开招聘、柔性引进等途径加大海外高层次人才，特别是能带领高水平专业建设、引领学术前沿、创新教育教学的国际化专业人才的引进力度；另一方面，通过实施交流互访、合作研究、挂职锻炼等项目加强与政府、企业、合作院校、研究机构等互动交流，建立校政、校企、校校、校研的国际化人才交流共享机制。在聚才方面，以中外合作办学项目、校企合作项目、国际科研项目、协同创新中心等平台的建设优化聚才渠道，吸引海外优秀留学人才、国(境)外高水平专家学者、行业领军人才，打造一支具有国际视野、通晓国际规则、执教能力突出的"双师型"国际化师资团队。

(七)优化制度和服务体系，推动学生国(境)外双向交流

进一步加大与国(境)外院校间的学生双向交流支持力度。完善优化学生出国(境)交流学习的支持政策和服务体系，以"专业＋语言＋国别"的国际化应用人才培养体系为基础，进一步完善面向在校生的外语培训、国别认知和留学教育服务体系，加强学生的特色培养，提升学生的国际化综合素质。积极开发和拓展个性化、特色化和主题性的长短期出国(境)交流学习项目，为学生提供赴海外实习锻炼、文化交流、技能竞赛、长期交换学习的机会，增加专项资金，使相关政策更好地起到杠杆引导作用。在鼓励学生走出去的同时，通过校际交流等模式，推进合作院校学生来校交流学习，将国际文化带进校园。丰富中外合作办学项目学生与国外合作院校学生的交流形式，制定相关鼓励政策，增进中外合作办学专业的学生双向互动交流。

(八)拓展国际合作新渠道,加强与“一带一路”沿线国家的教育合作交流

在巩固现有合作伙伴和渠道的基础上,创造条件,开拓进取,加强与“一带一路”沿线国家高校、科研机构、智库的对话与交流,创新合作项目,开展长短期相结合的文化体验、实习实践、培训教育、国际赛事、田野调查、学术会议等师生互访、合作研究和文化交流项目,增进国际理解,促进民心相通,推动国际化师资队伍建设、人才培养、科学研究、社会服务、文化交流的战略协同,建立国际科教融合发展、同频共振的良性循环生态圈。

建设高品位高职文化,打造文化建设与文化育人标杆校

王懂礼　童　彤

(浙江金融职业学院)

习近平总书记在党的十八大报告中指出,文化是民族的血脉,是人民的精神家园;在党的十九大报告中,习近平总书记又进一步强调,文化是一个国家、一个民族的灵魂,文化兴国运兴,文化强民族强,没有高度的文化自信,没有文化的繁荣兴盛,就没有中华民族的伟大复兴。可见,文化建设非常重要,文化自信尤为迫切,而作为高职学校,文化建设不仅在于物质设施的建设,更在于行为文化的养成和精神文化的培养,更重要的是文化育人、以文化人,这是高职建设的新境界,更是"双高计划"的新视域。

一、文化建设:双高建设的题中之义

(一)文化建设是高职教育发展新阶段的核心内容

进入新时代和发展新阶段的中国高等职业教育,要引领职业教育改革、支撑发展,并富有中国特色,达到世界水平,必须有其相应的内涵建设水平和外显特征。关于高职教育,从21世纪初开始,我们一直在探索适合中国国情、符合中国文化要求的高职教育模式,并采用"学习借鉴、自主探索和项目引领"相结合的方式进行探索。在学习借鉴方面,我们曾经花了比较多的力气研究德国的双元制,引进澳大利亚的TAFE,也花了比较大的精力学习美国社区学院、加拿大能力为本的培养模式、新加坡的教学工厂模式,对英国现代学徒制也有较多借鉴,在

关注瑞士、瑞典的职业教育上也倾注了心血。在自主探索方面，我们在建立工学结合、校企合作、产教融合的机制，建设“双师型”教师队伍等方面都进行了较大努力。更为重要的是，借力中央财政支持拉动、引导地方财政聚力，并通过国家教学成果奖评审引导等，对在宏观、中观及微观领域探索中国特色高职教育发展道路和发展模式上取得的成果给予奖励和激励。这些探索与取得的成就聚焦在办学模式、人才培养模式、师资队伍建设模式、教学资源建设、信息化建设、国际化推进等方面。有关文化建设、治理体系与能力建设等内容在示范建设时期也有探索和研讨，但路径不甚明确，成效不甚明显。有鉴于此，我们有理由提出，作为办学治校和学校改革发展建设的重要内容之一，文化建设应当提上“双高计划”的重要日程，必须引起我们更多的思考。对此，我们从另一个重要文件中可以感受到它的价值，国务院印发的《统筹推进世界一流大学和一流学科建设总体方案》确立了“双一流”建设的十大任务，其中明确强调了传承创新优秀文化，明确要求“加强大学文化建设，增强文化自觉和制度自信，形成推动社会进步，引领文明进程，各具特色的一流大学精神和大学文化……”，并进一步强调要“认真汲取中华优秀传统文化的思想精华，做到扬弃传承、转化创新，并充分发挥其教化育人作用，推动社会主义先进文化建设”。诚然，关于培育和践行社会主义核心价值观，并将其贯穿于教育教学全过程等文化建设的相关内容，在“双高计划”中关于加强党的建设条目中也有明确表达。因此，从另一视角来认识，在高职发展新阶段，在“双高计划”新要求下，文化建设也应拥有新地位。对此，“双一流”建设也给双高建设带来明确启示。

(二)文化建设是推动学校发展迈向高水平的内在要求

教育是传承悠久文脉的接力棒，是传播文化的留声机，是发展人类文明的推进器，在文化大发展大繁荣中起着十分重要的作用。中华民族要实现伟大复兴，归根到底是国民素质的提升和民族文化的继承发扬和创新。因此，教育尤其是高等教育的责任和使命就更加重大，文化传承和创新的功能要求也会更加突出，成为义不容辞的历史担当。

作为一所高水平的大学，要追求“有灵魂的卓越”。有形的校园固然重要，现代化的教学设备不可或缺，但无形的精神、文化学术氛围更加重要。实质上，我们必须充分利用“双高”建设的有利时机，利用中央财政的资金拉动和项目引领，抓住国家推进文化大繁荣大发展的历史机遇，高举文化引领大旗，切实推动文化建设上台阶上水平。从当前的现实情况看，党中央国务院对新时期弘扬中华优秀传统文化，重视中国革命和建设中的先进文化都有明确要求，学校重视文化建设既是履责所需，更当成为自觉之举。也就是说，如果我们把人才培养、科学研究、社会服务当作高等学校功能来抓实做好，那么，在新时代，在“双高”建设中必须审时度势，强化文化功能，实施文化引领战略，真正在文化建设引领上下功夫，推动学校发展迈向高水平。重视文化建设既是国家所需，也当是高校之责，这是高职学校文化建设的基本价值判断和合理性存在。

二、“双高”视域下的文化建设内涵解析

文化是一个十分复杂的概念，也是一个复合性、综合性的概念。站在广义角度看问题，文化无处不在，无时不在，无事不在，正是从这一角度，有人解读文化就是人类社会所创造的一切物质财富和精神财富的总和。从狭义上看，文化又被称作人的某种行为，某种习惯，某些习俗，如民族文化、地域文化、乡邻文化等。从教育角度去认识文化，关于高职学校所面临的文化建设问题，更有与职业教育相关的内在的特殊属性。

(一)高职学校文化的相关性分析

从高等职业教育和高职学校办学治校和内部运行角度看,高职学校文化与下列因素有关:一是大学文化。高等职业学校既是职业教育,也是高等教育,因此,高职学校在其发展和建设过程中必然带有高等教育的烙印。到目前为止,关于高等职业学校的政治标准、治理体系等都是按照高等教育来要求的,运行体系也是遵循二级管理的高等教育框架来建构的。大学文化是指大学在长期发展和建设过程中形成的激励大学师生前行的精神制度和行为等,其中最为重要的是指大学精神,正是鉴于这种意义,高职教育作为高等教育的一个类型,在文化建设中需要大学精神引领。二是企业文化(或称产业文化)。企业文化作为企业人共同遵守的观念,行业文化作为全行业共同的操守和约束机制,是需要企业人员遵照和执行的。高等职业学校的主要任务是直接为生产建设管理第一线的企业服务,特别是为中小企业培养人才。学校面向市场,专业对接产业,课程对接岗位,教学过程对接生产经营过程,这是重要的要求。在高职学校的人才培养过程中如何融入产业文化、引入企业文化,成为我们改进和优化人才培养模式的重要选择。因此,我们需要在校园内,在人才培养过程中加以弘扬和培养。但由于不同企业、不同行业的价值观不尽相同,因此既需要我们在实施教育的过程中认真分析,也需要我们总结凝练共同的企业、行业文化,如诚信、忠诚、敬业、爱岗、团队、创新等。在实践过程中,我们也需要研究引入企业理念。三是职业文化。高职学校强调以服务为宗旨,以促进就业为导向,培养职业化的技术技能人才,学校需要职业化场景和氛围,培养的学生需要职业化。专业建设和人才培养要与职业化紧紧连在一起,营造培养学生的职业理想、职业道德、职业良心、职业纪律、职业责任、职业习惯和职业能力等等在内的文化氛围,必须成为学校工作的主旋律,成为文化建设的主轴。四是区域文化。高职学校的主要任务是培养区域经济社会发展所需要的技术技能人才，同时为区域内中小企业提供技术服务，为社区开展培训和实施终身教育服务。大多数高职学校是地方性学校，其区域特性明显是一个重要文化特征，特别是一些三线城市，其地域性更为突出。区域文化一般是一定区域内，处在特定条件下，在较长时间内形成的具有鲜明特色的生活方式、行为方式、价值观念和区域精神等。区域性高职学校不仅要传播区域文化，还要为挖掘、研究、提升区域文化做贡献，学校要成为区域文化传播研究中心，从这种意义上说，高职学校必然存在着区域文化渗入的问题。据此，从相关性角度看，高职学校的文化建设必然要求“大学精神引领、区域文化渗透、职教规律办学、企业理念管理”四者高度相关，有机统一。

（二）高职学校文化建设的内在性解剖

高职学校作为相对独立的主体，其文化建设可以从不同层面加以解剖，或者说，它必须或必然要遵守物质建设的基本规律，也会通过一定的方式呈现，这就是文化的划分。关于这一点，人们一般从物质和精神两分法，或者物质、精神、制度三分法等角度进行解剖，也有学者提出过五分法之说，但一般而言，人们大多从四个维度对文化进行分析。一是物质文化，它是指学校和全体师生员工创造的各种物质成果、物质设施、物质环境等文化基础，它彰显着高职学校的文化特质，如楼宇文化、景观文化及各种文化建筑。物质文化是重要的基础，它能够比较直接地体现文化，如高职学校实践实习实训等场所多，器物等设备设施多，体现着职业教育的特点。二是制度文化，它是指学校在教育教学过程中总体形成的各项工作制度和管理制度，进而成为制度文化，它是需要学校师生共同遵守的活动准则，对规范师生行为具有重要的约束作用，对建立健全学校工作程序、生活程序、管理程序作用明显。三是行为文化，是指学校在长期教育实践过程中形成的影响师生行为的文化特征，有时称活动文化，如教研活动、科研活动、社团活动、工会活动，它对维持学校运行、凝聚师生人心、推动学校发展、打造学校特色作用巨大，如工学结合、工学交替就成为高职学校重要的行为文化。四是精神文化，它是指学校在较长时间的办学实践过程中，受区域传承、社会文脉、意识形态影响形成的全体师生员工公认的文化观念，一般处于深层次状态，如学校核心价值观、学校精神、校训等，一旦形成，长远坚持则影响深远。虽然，有学者和专家从不同层面对文化进行解剖和分解，如程序性文化、价值性文化、物质性文化等，但一般而言，对于文化，比较统一的认识是：物质文化是基础，制度文化是约束，行为文化是规矩，精神文化是内在。由此形成一个有机融合的系统。

三、“双高校”文化建设的三重向度

“双高校”建设必须有高度的文化自觉，扎根中国大地，汲取丰厚的文化滋养，把文化建设作为一根主线贯穿“双高校”建设全过程，渗透在方方面面，激发师生、校友、行业、企业等多元主体共同参与，在精神层面，坚定并不断增强文化自信，在特征层面，坚守高职教育文化的中国特色，在使命层面，着力追求强有力的文化引领，做到有“神”有“形”、“神”“形”兼备、“神”“形”合一，打造中国高等职业教育的文化标杆。

（一）坚定文化自信

习近平总书记指出，文化自信是一个国家、一个民族发展中更基本、更深沉、更持久的力量。自信作为一个心理学概念，主要描述的是人们对不确定未来的确定性判断和对实践活动目标的肯定性预期。就高职教育而言，文化自信则体现了高职人在对高职文化的科学性、价值性和普适性高度认可的基础上，对自身文化生命力、竞争力和影响力的乐观预期，它集中反映了我国高职教育的精神面貌、文化活力和发展潜力。

自信是高职教育文化之基。高职教育文化自信，一方面来自文化底气。改革开放以来高职院校办学的巨大的成就所积累的文化底气是文化自信的最直接来源。世界办学规模最大的高职教育"为推进我国高等教育大众化，促进教育公平和社会公平，提升人力资本素质，支撑经济社会发展做出了历史性贡献"。另一方面来自文化发展潜力。"文化潜力才代表文化的未来"，我国经济长期向好的基本趋势和"教育强国""中国制造 2025""乡村振兴""一带一路"等国家战略支撑以及大力发展职业教育持续性的政策供给所激发的文化发展潜力是高职教育文化自信的动力源泉。"双高计划"给予建设学校的高强度支持，必将进一步释放文化活力，激发文化潜力，增强文化自信。

坚定"双高校"文化自信。首先，以文化自觉为前提。文化自觉是主体内在的精神力量，是推动文化发展的先决条件。著名社会学家费孝通先生认为，文化自觉是指"生活在一定文化中的人对其文化有'自知之明'，明白它的来历、形成过程、所具有的特色和它的发展的趋向"。就高职教育来说，就是要认识高职教育文化的历史、现状以及在"双高"建设中的作用和地位；克服文化建设的盲目性、随意性，科学研究准确把握高职文化发展的特殊规律，增强文化科学发展的高度自觉；还要高扬高职文化旗帜，坚定文化理想，增强践行初心使命的高度自觉。其次，以文化自信建设为核心。文化自信是主体内在的驱动力，是推动文化发展的基本动力。文化自信的关键靠建设和积淀。高职文化自信建设，要以办学的社会主义方向为前提，做到不忘本来，注重对学校办学历史的传承和校园精神的挖掘；做好吸收外来，注重汲取行业企业文化、地方文化的养分，与国际职业教育不断进行文化交流交往和交融；更要面向未来，关注世界文化发展趋势，科学判断我国高职文化发展的前景和机遇，实现自我超越。最后，以文化自强为指归。文化自强是主体内在的使命追求，是文化发展的目标和归宿。文化自强是指立足自身实际，依靠自己的力量，突出自己的特色，独立自主探索出一条文化发展道路。高职教育既要紧紧依靠教师、学生、校友三大主体，走适合自己的文化发展道路，切实增强自身的文化凝聚力；又要把握时代趋势，引领时代潮流，提升对外的文化竞争力和影响力；还要拥有世界眼光和国家情怀，加大高职文化国际话语权，在兼容并蓄中实现文化高质量发展。

"双高校"文化建设是一个动态的发展过程，文化自觉是文化自信和文化自强的前提，文化自信也是文化自强的前提，是文化自觉和文化自强的中间环节，文化自强是文化自觉和文化自信的归宿，是高水平高职文化从应然到实然的确认。

（二）坚守文化特色

习近平总书记指出，办好中国的世界一流大学，必须有中国特色。没有特色，跟在他人后面亦步亦趋，依样画葫芦，是不可能成功的。特色是一个事物显著区别于其他事物的特点和特征。高职教育文化特色是高职教育或高职院校区别于其他教育类型或院校的内在特质和个性标志。

特色是高职教育文化之"魂"。坚守高职教育文化特色，一方面是传承我国高职教育文化的独特性。我国高等职业教育不仅规模巨大，还通过学习借鉴西方职业教育经验，根据自身的办学定位、办学模式、办学历史、管理方式等形成了自己的个性，总体上构建了以"大学精神引领、职教规律办学、企业理念管理"的高职文化建设机制。另一方面是扎根中国大地彰显我国高职教育的"中国特色"。我国高职教育作为类型教育，兼具高教性和职教性跨界特征，需要"双高校"特色在文化建设中进一步凸显，更需要依据建设方案扎根中国大地办出"中国特色"，即坚持社会主义办学方向、职业教育类型方向、人人出彩培养方向和高质量发展方向的统一。

进入新时代和发展新阶段的中国高等职业教育，要引领职业教育坚守“双高校”文化特色。首先，在方向上保持底色不变。中国高职教育文化最鲜明的底色就是坚持社会主义办学方向，而在办学方向上站稳立场，摆在首位的是坚持党的领导，“党政军民学，东西南北中，党是领导一切的”，把“为人民服务，为中国共产党治国理政服务，为巩固和发展中国特色社会制度服务，为改革开放和社会主义现代化建设服务”作为根本要求。一要把加强党的全面领导作为办好“双高校”的政治保证，切实把党建工作与项目建设一同部署，一同落实。二要把立德树人作为根本任务，要以人人出彩为导向，培养德智体美劳全面发展的社会主义建设者和接班人。三要把社会主义意识形态作为根本特征，大力加强和改进学校思想政治工作，把培育和弘扬社会主义核心价值观贯穿办学全过程。其次，在本质上保持本色不改。其一，职业教育和普通教育是两种不同类型的教育，高职教育兼具高教性和职教性双重属性，但本质上是职业教育，“双高校”要坚定走职业教育的路，把“坚持服务发展、促进就业”作为基本导向，遵循“产教融合、校企合作、工学结合、知行合一”的基本规律，不能背离和偏离职教道路；其二，职业教育说到底是教育，教育的本质是育人成才，办好“双高校”更要遵循教书育人规律、人才成长规律，坚持以人民为中心的价值导向，把办好人民满意的高职教育作为本质要求，把增强师生校友的“安全感、获得感、幸福感”作为根本标准。最后，在内容上把成色做足。其一，做足文化成色的基础是提升办学质量，“双高校”建设要围绕“一加强、四打造、五提升”的要求，实现高质量发展，真正做到“当地离不开、业内都认同、国际可交流”；其二，做足文化成色先要立足于中国大地办学的文化根基，汲取中华优秀传统文化、革命文化和社会主义先进文化等丰富营养，用先进文化滋养高职文化；其三，做足文化成色更要体现学校文化亮色。“双高校”要体现所依托的行业特点和倚重的地方文化特色，主动建构文化理念，凝聚文化共识，激发文化创新，形成特色鲜明的高职文化阵地。

“双高校”文化建设要彰显中国特色，坚决把办学社会主义方向作为牢牢坚守的政治前提，确保方向上不偏离；按规律办学，坚守高教性和职教性双重跨界本质，确保本质上不背离；还要主动作为加强建设，做足特色和亮点。底色是前提，本色是核心，成色是重要内容，三者不可偏废。

（三）坚持文化引领

“引领”本义是指不靠强制，而通过主体内在和外在的东西吸引、影响、激励、带动事物跟随它向某一方向运动、发展。高职教育的文化引领，是指高职教育要通过文化建设、积累和沉淀，不断增强文化自信，丰富文化内涵，提升文化品位，增强文化魅力，通过“举旗帜、聚民心、兴文化、育新人、展形象”来引领高职教育前进方向、改革创新、精神文明建设、人才培养和国际交流。

引领是高职教育文化建设之要。高职教育文化引领，一方面表现为对校园内部的统率力和向心力。文化是学校的精神结晶，反映在物质文化、精神文化、制度文化和行为文化等各个方面，被人们比喻为“风向标”“酵母”“熔炉”“泡菜汁”等，具有指引办学方向、主导价值理念、引导师生行为和凝聚全校力量的重要作用，本质是大学精神在办学治校中的引领作用。另一方面体现为对学校外部的吸引力和带动力。高职院校不仅要主动融入地方，融入行业、企业、政府等推进深度的产教融合，“双高校”更要担起时代和国家赋予的责任，为世界贡献高职教育的中国智慧和中国方案，需要“双高校”带动全国高职战线共同引领社会文化、行业文化、企业文化，在“走出去”国际化办学的同时扩大我国高职教育文化的吸引力和影响力。

坚持“双高校”文化引领，首先把旗帜举起来增强凝聚力。行动的统一，需要认识的统一和思想的统一，思想的统一需要理论的武装，“双高校”要高举中国特色社会主义伟大旗帜，以习近平新时代中国特色社会主义思想武装师生头脑，用科学理论为学校改革发展提供思想引领；以共建国内一流世界知名的“双高校”的梦想激发奋斗精神，凝聚学校精神，把学校打造成教师、学生、校友的精神家园，为学校可持续发展提供精神引领；紧扣“培养什么人”这个根本问题，以立德为根本，以树人为核心，全面构建“三全育人”机制，培育“四有”好老师，加强素质教育，推进文化育人，帮助学生扣好人生第一粒扣子，促进学生德智体美劳全面发展。其次把龙头舞起来增强带动力。“双高校”对高职战线的文化引领就是要引领发展目标，即“引领改革、支持发展、中国特色、世界水平”；引领类型发展，形成具有鲜明类型特色的可复制、可推广、可借鉴的政策、制度、标准；引领价值导向，支撑国家发展战略，做到“当地离不开、业内都认同、国际可交流”；引领改革创新，推动办学理念、人才培养理念、人才培养模式和现代化治理的系统性、整体性、协同性改革，激发学校办学活力和发展动力。“双高校”还要高举文化共同体大旗，集中优势资源和力量加强文化建设、文化育人、文化治理等方向的理论研究和实践探索，举办文化论坛、专题研讨会等，形成高职文化发展的全国合力。最后把标杆树起来增强影响力。一是要发挥对所依托的行业文化的引领作用，通过产教融合、校企合作，把学校的价值理念、办学精神、文化成果带到企业，在与企业文化的交流交融中增强学校的文化影响力，形成业内的文化认同。二是对所在地方的文化引领，做传承地方优秀文化的引领者，培养当地杰出的工匠人才，引领工匠精神，树起地方文化标杆，增强学校文化吸引力，提升地方文化品位。三是“双高校”在“引进来”和“走出去”方面双向发力：一手抓引进国际职教的标准和项目，一手抓开发中国特色世界通用的课程、专业、证书等标准，推动中国标准的国际化；一边引进国际优质办学项目，一边沿着“一带一路”“走出去”开展教育和文化交流。尤其要注重加强中国高职教育理论研究，从历史渊源、文化传承、现实基础和发展路径出发，阐释高职教育在植根中国大地、服务国家发展中形成的清晰的办学理念、办学特色、人才培养模式，形成具有中国特色、中国风格、中国气派的职业教育话语体系，走进世界职教舞台中心，参与职业教育国际治理。

“双高校”文化引领对内是基础，以理想激励人，以精神鼓舞人，以制度凝聚人，打造教学、学生、校友文化共同体，在共建中共享；对外是责任和使命，以改革为动力，以吸引力、影响力、带动力为抓手，在文化的交流交融交互中提升引领力和贡献力。

四、文化标杆校：浙江金融职业学院“双高校”建设的文化之路

浙江金融职业学院建校 40 多年来不断加强文化建设，积累文化优势，积淀办学精神，彰显办学品质，建成了特色鲜明的文化校园高职样本，培养了近 6 万名优秀的经济金融人才，为入选“双高校”提供了智力支持、思想保证和精神动力。为推进“双高校”建设，学校将高举习近平新时代中国特色社会主义思想伟大旗帜，扎根中国大地，打造体现浙江特点、高职特征、金融特色、国际水平的文化“金名片”，建立以社会主义先进文化和金院精神为魂，以文化校园彰显品位和情怀，以诚信文化、金融文化、校友文化“三维文化”推进人文化成，以文化治理引领发展担当的中国高职教育文化标杆校。

（一）实施铸魂工程，凝聚金院力量

坚定社会主义办学方向，以习近平新时代中国特色社会主义思想补足精神之“钙”，以红色革命文化筑牢精神之基。开足开好中华优秀传统文化课，建好国内一流的校园“货币博览馆”“票据博物馆”，开展“中国古钱币中的优秀文化”研究，以优秀传统文化增强文化自信之力。大力培育和践行社会主义核心价值观，建好文化教室、文明寝室，弘扬正能量，传播真善美，让社会主义核心价值观像空气一样无处不在，无

时不有，为金院学子扣好人生第一粒“金纽扣”。

坚持“特色鲜明、社会满意、师生幸福”的办学宗旨，用“5000行长同一个母校”的文化激励师生，砥砺大志向。开展新时代金院精神大讨论，与时俱进吸收现代职教理念、大学精神和行业新文化，拓展金院精神新内涵；推进程序性文化建设，办好开学典礼日、毕业典礼日、校友返校日、爱生节、教师节等五大特色节日，丰富传承金院精神的新载体。改建校史馆，丰富校史馆藏，深化校史研究，广泛开展校歌传唱和“读校史、学校友、话成长”系列主题教育活动，把学校的办学传统、价值选择和理想追求内化为共奋进的精神源泉。

（二）建设文化校园，彰显品位情怀

优化景观文化布局，建设校训“寰”、校友“缘”等文化景观，加大学风教风的融入，提升文化的系统性，建成校园精神主题公园。以“低碳、智能、生态、人文”的理念优化校园建设布局，完善建筑功能，重构植被景观，推进智能管理，营造浓厚的人文氛围，让美丽校园更和谐。以“纯洁道德、丰富精神”为指引推进校园美育建设，加大艺术课程和高雅艺术进校园的力度，办好淑女学院，深化“美德、美心、美智、美仪、美艺”“五美”新时代淑女教育，让全体在校学生有机会“修一门艺术课、参加一个艺术社团、会一项文艺技能、登一次金葵花艺术舞台”，全面提升师生文化品位。

坚持“做学生欢迎之师、创社会满意之校、育时代有用之才”的价值理念，建设“金院好课堂”，以优良教风引领学风，培育教师敬畏课堂、学生热爱课堂的教学文化。办好“爱生节”，“深化爱生节”，把“关爱学生进步，关注学习困难，关心学生就业”的“三关”服务体系不断引向深入，传承和弘扬爱生文化。以明理学院为载体，深入开展“明德理、明事理、明学理、明情理、明法理”“五明理”教育，把尊师重教、爱校荣校意识融入文明校园之中，培育学生知恩感恩文化。多渠道宣扬金院校友“创新创业成绩显著，廉洁自律操守规范，报恩母校情深义重”的感恩报恩形象，珍视“校友对母校满意度和推荐度全国高职院校最高”的口碑和荣誉，师生校友共建具有大爱情怀的文化校园。

（三）深化三维文化，实现人文化成

成立诚信文化研习中心，深挖诚信职业精神，把诚信教育融入专业，修订再版《大学生诚信文化理论与实践》，重视环境的浸润和实践养成，健全诚信激励和约束机制，将学生诚信记录与评奖评优、党员发展、就业升学等挂钩，增强诚信文化育人的塑造力，以诚信文化涵养学子优秀品格。

以专业群为载体把现代金融新业态、新文化融入课堂，与行业企业联办技能大赛、礼仪大赛和创新创业创效大赛，开展“金手指”技能尖子培养，淬炼“零差错”工匠精神，培养现代财经工匠；丰富校园货币博物馆、票据博物馆馆藏，开展中华优秀传统金融文化研究，开好商业伦理课，阐释正确的义利观，把金融的中介本质、服务实体经济的使命融入育人文化，加大金融文化育人的融合度，通过学习金融文化提高学子职业素养。

发挥好校友会5A级社会组织的功能，扩大省市县三级校友会网络覆盖，开展好贯穿全年的校友文化育人活动，开设“行长娘家论坛”“劳模校友大讲堂”。开展好“金星奖”评选和表彰，注重对时代楷模、优秀典范、好人好事的事迹宣传，充分发挥“岗位明星、技术能手、首席工人、杰出青年、创业先锋”等新生代校友的示范接力作用，光大校友品牌。以“百名校友话人生、百名校友上讲台、百名校友话就业”活动为载体，扩大校友文化育人的辐射面，以校友文化助推学子成长成才。

（四）推进文化治理，引领发展担当

以“永创永续金融黄埔，共建共享幸福金院”的办学愿景凝聚文化

共识，树立“高职教育标杆校、百年金融黄埔”的宏伟目标，以“学生为本、教师为基、校友为宗”，打造发展共同体。厚植文化自觉，推进民主管理，倡导和谐包容，培育人人负责、人人尽责的质量文化。形成“行业、企业、学校三端融通，教师、学生、校友三主体共建，诚信文化、金融文化、校友文化三维育人”开放创新、兼容并蓄的文化生态，为高水平高职学校建设提供强有力的思想保证、精神动力、文化支撑。

继续主办“高职教育文化建设与可持续发展论坛”，凝聚国内外高职教育文化力量，在十年的文化积累基础上，推进高职院校从文化建设、文化育人到文化治理变革，引领全国高职院校文化创新。继续发布学校年度《社会责任报告》，突出高职院校的社会责任，突出人才培养和办学模式的改革，突出高职院校的社会贡献，引领全国高职院校共担民族复兴大任。继续发挥中国高等教育学会职业教育分会理事长单位等组织的牵头优势，把中国特色的高职教育模式变成与世界教育和文化交流的话语体系，推动中国高职教育走出去，为世界高职教育提供中国智慧和中国方案。

浙江金融职业学院将动员师生校友和社会各界的力量把文化建设融入“双高校”建设的全方位、全过程，逐步把学校建成文化设施功能完善、文化活动丰富多彩、文化环境和谐优美，文化校园充满活力、文化形象现代开放、文化风尚健康高雅，文化特色鲜明突出、文化育人成效卓著、文化创新引领发展的高品质、有品位、大品牌的中国高职教育文化标杆校。

聚焦高职类型特色，打造全国高职研究引领校

周建松　陈正江
（浙江金融职业学院）

2019年12月，教育部、财政部公布了中国特色高水平高职学校和专业建设计划建设单位名单，浙江金融职业学院（以下简称“学校”）入选。中国特色高水平高职学校与专业群建设需要高水平理论研究做支撑、做保障，高等职业教育研究（以下简称“高职研究”）是学校的办学特色之一，学校教师在高等教育类14种中文核心期刊发表论文数连续十三年位居全国高等职业院校首位，高等职业教育发展研究中心于2009年、2012年、2017年三次获得全国高等教育优秀科研机构称号，学校在高职研究方面具有雄厚实力和优势。“聚焦高职类型特色 打造全国高职研究引领校”作为学校中国特色高水平高职学校和专业建设计划的重要项目，旨在基于学校高职研究进一步发挥其在学校发展中的重要作用，为激发学校办学活力，扩大学校品牌影响提供智力支撑和研究支持。

一、中国特色高水平高职学校与专业群建设呼唤高水平高职研究

高等职业教育不仅具有“高等性”与“职业性”，这是高职院校的普遍属性，同时具有鲜明的“区域性”与“行业性”，这是高职院校的特殊属性，正是这种特殊属性决定了每所高职院校都需要立足自身实际开展研究。教育研究对高等职业教育实践起到解释、指导和预测作用。但关于高职教育“为了谁”“是什么”“向何处去”等一系列根本问题迄今没

有搞清，即类型特色不鲜明，发展定位未把准。

（一）未能有效回答为什么发展高等职业教育的问题

40年来，相关研究对“发展高职教育为了谁”这一问题做出过一些描述和表达，尤其对为什么要推进高等教育大众化，为什么要推进发展、大力发展、加快发展高等职业教育等问题已有不少政策文件和学术探讨。20世纪80年代，一些地方和基层在进行自主探索时明确强调，基于国家改革开放、大力发展城镇集体经济等需要，迫切需要一大批实用技术人才，而当时高等教育办学场地和师资等条件不足，无法满足经济社会发展的需要，于是产生了对发展高等职业教育的探索，但初始的高等职业教育采用的是“三补一高”的方式。随着社会经济发展对高等职业教育需求的进一步上升，国家先后出台了“三教统筹”“三改一补”等政策，以此来扩大高等职业教育的办学规模，但条件好的中专通过升格办高职始终是处于“补充”地位，因而当时的高职教育未能取得实质性进展。进入世纪之交，国家提出推进高等教育大众化，并实施了高校扩招、建立独立学院及发展高等职业教育等三大举措，国务院教育行政主管部门也下放了高职院校审批设置权限。随后，我国高等职业教育得到了较大发展，院校数量不断增加，学生规模不断扩大。然而，到目前为止，无论政策层面、学术层面还是实践层面，都未能对“发展高等职业教育为了谁”这一根本性问题做出系统研究与顶层设计。

（二）未能深入研究高等职业教育究竟是什么的问题

无论从宏观上还是从微观上看，这几十年来，我们一直未能深入研究高等职业教育究竟是什么这一问题，即高等职业教育的内涵是什么。高职高专处作为教育部主管战线的业务处室，虽然经历了从高教司到职成司的划转，但相当长一段时间内仍以高职高专处这样的名义存在，直到现在，沿用高职高专这个称谓的机构和单位还有不少，高职教育始终在类型论与层次论之间徘徊。从应对社会层面看，虽然高等职业教育、高职院校作为教育体制内的概念似乎已形成共识，但对于其他政策部门，高职教育只能以相当于大专层次来表达。在管理体制机制、教育教学等诸多方面，均沿用了高等专科学校的模式。在管理体制上，学校职级及定岗定编等方面，都是参照高等专科学校；在教育教学上，虽然在招生专业的名称等方面做了一些探索，围绕产教融合、校企合作对办学模式、人才培养模式等方面也做过许多探索，甚至做过较大规模的诸如项目化课程、基于工作过程系统化课程等微观改革，但呈现的结果似乎还是专科层次、专科水准或近乎专科的要求，近几年学生专升本比例不断扩大，再一次印证了关于“高等职业教育究竟是什么”的问题仍然没有得到有效界定与清楚梳理。

(三)未能形成专注于高等职业教育的系统研究力量

总体而言，我国学术界针对高等职业教育的研究力量并没有凝聚和集中。从全国范围看，国家层面没有专门的高等职业教育研究机构，部属的国家研究机构虽然涉及高职教育，但多数是从普通高等教育或中等职业教育转过来的，专门研究力量十分薄弱。作为举办高等职业教育的主体力量——高等职业学校，有些虽也设有研究机构，但其研究更多带有政策解读和校本宣传性质，真正能够客观理性、全面系统地研究高等职业教育的性质、定位、理念、模式、机理、行动、规律、方向的很难找到，也就是说，以研究成果来定义、引领、规划高职教育的力量远未形成，与打造引领改革、支撑发展、中国特色、世界水平的要求相差甚远。

二、我校高职研究的主要经验、不足及改进建议

（一）主要经验

1. 丰富了高等职业教育理念

促进或者制约高等职业教育研究的因素很多，既有历史的渊源，又有现实的影响，同时还有人们的观念，观念取决于对高等职业教育的认识与理解程度。十年来，学院的高等职业教育研究走过了从量的扩大到质的提升的历程，对办学模式和人才培养模式多维度的教育研究让我们增进了对高等职业教育的理解，指引着学院在办学理念上的转变和人才培养行动上的突破。

2. 形成了高等职业教育研究氛围

在高职院校，教师通常承担较为繁重的教学任务，大多数教师忙于教学事务，无法腾出时间和精力开展教育研究，以往教师观念上觉得教育研究是可有可无的事情，加上研究队伍的稳定性不强，人员流动性较大等因素，导致教育研究氛围不足。学校通过营造研究氛围，鼓励研究主体突破观念桎梏，教育研究既要有甘坐冷板凳的决心，也要遵循高等职业教育规律，教师普遍克服了对教育研究的畏难情绪，形成研究习惯，增强研究自信，掌握研究方法，提高研究自觉。这里借用我国著名社会学家费孝通的“文化自觉”的观点，他认为文化自觉是文化的自我觉醒，自我反省，自我创建。研究自觉是指研究者对其研究有自知之明，并对其研究的发展历程和未来有充分的认识，简言之，即研究的自我觉醒，自我反省，自我创建。

3. 建立了高等职业教育研究长效机制

长效机制是实现教育研究可持续发展的重要保障，2007 年，学院

发起建立浙江高等职业教育研究中心，中心于2009年、2012年、2017年三次获得全国高等教育优秀科研机构称号。研究中心建立运行13年来，充分发挥在确定目标、制订计划、分解任务、监督检查、协调服务、激励评价等方面的作用。2010年，学校在浙江省高职院校率先成立社科联，教育科学研究长效工作机制进一步得到健全和完善。

4. 提高了学校的知名度和影响力

学校在办学实践中，加大力度开展高等职业教育研究，发文数量迅速增长，2007年以来，发表在全国14种高等教育类核心期刊的论文连续七年位居全国高等职业院校第一名。与此同时，学术质量不断提高，按引用率、影响因子、他引次数等可比指标计量，学术影响力显著提升，研究成果备受职业教育界和高等教育界关注，大大提高了学校知名度和影响力。

（二）不足

1. 研究方法经验性有余，规范性不足

当前学校高等职业教育研究集中体现为经验或常识性思维主导研究过程，从常识和经验事实层面描述和分析职业教育现象或事实，理论研究仅停留于经验总结或工作手册性质的形态，而经验描述毕竟只是开展研究的初级阶段而不是科学理论，这就大大弱化了研究的规范性。

2. 研究内容高教性有余，职教性不足

高等职业教育是高等教育和职业教育的交集，是“跨界”教育，要研究这种“跨界”教育，就必须同时遵循高等教育和职业教育的规律。高等职业教育不是本科教育的“压缩饼干”，由于高职院校与本科院校在文化和教育上存在较大差异，具有特殊性，不能照抄照搬本科院校的概念。如果忽视对高等职业院校大学生成长规律的把握和对高等职业院校人才培养的过程的理解，将会导致相关研究的适用性欠佳。

3. 研究成果学术性有余，应用性不足

从实践中来，到实践中去是开展研究一条颠扑不破的真理。一方面，研究成果要能为决策提供建议和意见，成为政策的一部分；另一方面，更重要的是研究成果要落地，强调对研究成果的应用。当前，学校高职教育研究成果指导教学和应用于教学方面还基本处于起步阶段，教育研究与教育实践仍然处于各自为政甚至相互疏离的状态，制约了高等职业教育研究实效性的发挥。

（三）改进建议

1. 运用多学科开展类型教育研究

采用多学科视角研究高等职业教育，诸如：以教育哲学视角研究高等职业教育价值、使命、责任等；以教育法学视角研究现代大学治理、大学章程等；用教育管理学视角研究现代职业教育体系；以教育社会学视角研究教育、招生、就业与民生（受教育者素质提高）的关系；以教育经济学视角研究高等职业院校绩效问题。高等职业教育已经走过了跑马圈地时代，需要深入研究领域进行精耕细作，如借鉴浙江工业大学现代大学教育制度研究、浙江树人大学的民办教育研究等经验，形成研究的自留地和高产田。

2. 加强对现代职业教育体系的研究

政府引导是发展高等职业教育的主要推动力量，《国家中长期教育改革与发展规划纲要（2010—2020 年）》提出要构建现代职业教育体系，《国务院职业教育改革实施方案》将职业教育作为一种类型教育，国家加大了教育改革创新和财政支持教育的力度，从国家层面赋予高等职业教育新的使命，高职院校要抓住加快发展现代职业教育的大好时机，加强对现代职业教育含义、体系、制度、实现路径、保障等方面的研究，为职业教育作为类型教育提供基础支持。

3. 深化院校研究

院校研究着眼于院校管理和发展中的实际问题，对所在院校的运行状况及其影响因素进行分析和评估的自我研究，已被广泛应用于高等教育领域。高等职业教育研究需要借鉴先进经验但更需要立足院校实际，收集、完善和规范院校数据，为院校决策提供信息和咨询服务，为提升高职院校办学质量打下坚实的基础。办学效益研究是院校研究的重要方面，高职院校普遍强调积极争取资源，但对资源优化和高效利用不够，高职院校办学绩效方面的研究几乎处于空白状态，需要进一步加强。

三、本项目建设方案及任务书主要内容

(一)改革发展举措

1. 贯彻“职教 20 条”，加强高职教育类型特色研究

贯彻《国家职业教育改革实施方案》，突出职业教育与普通教育是两种不同的教育类型，具有同等重要地位的定位，聚焦高职教育类型特色开展研究，为建设引领改革、支撑发展、中国特色、世界水平的高职学校和专业群提供研究支撑。

2. 围绕重大问题，构建中国特色高职教育理论体系

围绕高职教育功能与价值、体系与制度、专业与课程、师资与实训、标准与质量等重大问题开展中国特色高职教育理论体系探索和中国特色高职教育发展道路研究，以研究助推高职院校人才培养、专业建设、教师发展和办学治校水平的提升。

3. 发挥平台优势，建设中国高职教育现代化研究院

落实《中国教育现代化2035》《加快推进教育现代化实施方案(2018—2022年)》，发挥高职教育发展研究中心连续十二年高等教育类中文核心期刊发文量位列全国高职院校第一的平台优势，建设新型智库——中国高职教育现代化研究院，以研究带动高职教育持续深化改革，强化内涵建设，实现高质量发展。

4. 发挥组织优势，建设中国特色高职研究协同创新中心

贯彻习近平新时代中国特色社会主义思想，发挥学校作为中国高教学会职业技术教育分会理事长单位组织优势，联合行业企业、职业院校、科研院所、政府机构、学术期刊、新闻媒体等各方力量，建设中国特色高职教育研究协同创新中心。

5. 发挥品牌优势，牵头建设"一带一路"高职教育研究联盟

服务"一带一路"，发挥三次荣获全国高校优秀高等教育研究机构的品牌优势，牵头建设"一带一路"高职教育研究联盟，打造国际职业教育研究高地，深化国际交流，加强互学互鉴，推动合作发展。

(二)预期成效及标志性成果

出版3本研究著作——《中国特色高职教育发展道路》《中国高职教育类型特色建构》《中国特色高职教育理论体系》，系统阐释和全面推介中国特色高职教育，形成可复制、可借鉴、可推广的中国特色高职教育经验和模式，为建设引领改革、支撑发展、中国特色、世界水平的高职学校和专业群提供研究支撑，推进高职教育高质量发展。

提交8份研究报告——《中国高职教育现代化(2018—2022年)》《中国特色高职教育的功能与价值》《中国特色高职教育的体系与制度》《中国特色高职教育的专业与课程》《中国特色高职教育的师资与实训》《中国特色高职教育的标准与质量》《中国特色高职教育1+X证书制

度》《"一带一路"高职教育研究与实践》，用中国话语构建高职教育理论体系。

发挥高职教育研究示范引领作用，力争连续第3次实现在全国高职院校中高等教育类中文核心期刊发表论文"五连冠"；力争第四次荣获全国高校优秀高等教育研究机构；本项目相关研究成果在全国中文核心期刊发表15篇论文，在CSSCI教育类期刊发表5篇论文，积极扩大研究成果影响力和话语权，并持续完善研究平台组织管理方式与运行机制。

四、以深入研究全面引领高水平高职学校和专业建设

《中国特色高水平高职学校和专业建设计划》作为新时代中国职业教育要下一盘大棋的重要一招，如何有新的更大的作为，如何使"双高计划"取得更大的政策效应、实践成果，如何形成更大的投入产出绩效，并真正在模式探索和话语体系构建方面做出成绩，本文认为，全面引领"双高计划"建设需要扎实开展以下五类创新性研究。

（一）加强关于高职类型特色的开拓性研究

《国家职业教育改革实施方案》（以下简称《方案》）明确指出，职业教育与普通教育是两个不同的类型，具有同等重要地位。同时，《方案》还明确指出，经过5—10年时间的努力，要实现三个根本转变，其中十分重要的是要实现职业教育向真正的类型特色转变，因此，必须明确什么是职业教育的类型特色。此外，"双高计划"还明确强调，要通过建设引领职业教育高质量发展，形成中国特色职业教育发展模式，更需要在实施"双高计划"过程中加强研究，探索类型特色并起积极的引领作用。《方案》提出，实行1＋X（即学历证书＋若干职业技能等级证书）制度，有学者提出，要建立1＋X和X＋1相结合的制度，还有学者提

出，中国特色职业教育制度是否可表述为“纵向贯通、横向融通”……，凡此种种，都是探索性的思考，我们需要从规律和实际出发，认真加强关于高职类型特色的开拓性研究，求得理论上的统一性，对此，“双高计划”学校责任重大、任务艰巨。

（二）夯实关于高职多元办学的基础性研究

《方案》明确提出，经过5—10年的努力，职业教育基本完成由政府举办为主向政府统筹管理、社会多元办学的格局转变。事实也是这样，我国特殊的地域结构和人文结构，决定了我国发展高等教育的理念和模式应有自身的特点。我国要实现全面小康，要构建社会主义和谐社会，必须推进高等教育大众化并进而实现高等教育普及化，其中十分重要的途径是大力发展高等职业教育，因为高等职业教育的主要生源是县域以下及农村学生，少数民族地区、西部地区、经济欠发达地区、贫困地区的就读比例高，他们大多是家族和家庭第一代接受高等教育的人。正因为这样，发展高等职业教育便成为实现中华民族伟大复兴的重大战略。作为中国特色高水平学校建设单位必须为优化我国高等职业教育的办学格局做出贡献，研究如何推动和优化高等职业教育的具体举措。例如，如何在三线及以下城市办好高等职业教育，“双高”学校如何为三线及以下城市做贡献，如何通过自身的辐射示范和引领作用带动国家职业教育高质量发展，更为重要的是，应加强对“双高”学校办学体制机制的研究，探索在集团化办学、混合所有制办学等方面形成经验并付之于实践，为西部地区、边远地区、少数民族地区多培养培训人才做出贡献。

（三）深化关于高职内涵建设的引领性研究

关于“双高”建设的目标任务，在“双高计划”建设文件中已明确了总体框架，即加强党的建设、打造技术技能人才培养高地、打造技术技能创新服务平台、打造高水平专业群、打造高水平“双师型”队伍、提升校企合作水平、提升服务发展水平、提升学校治理水平、提升信息化水平、提升国际化水平，简称“一加强、四打造、五提升”，在每一项任务中，又都有具体的内容和文字表达。怎样把握这些任务的要求，每一个学校都按照自己的理解，从自身实际情况出发，按照各自对问题和趋势的研判，做了回答。其中包括许多需要研究的因子，尤其是对未来国家产业发展、技术更新及其职业教育范式的研究，都值得反复思考。

（四）促进关于高职制度标准的实践性研究

“双高计划”明确提出，“要集中力量建设一批引领改革、支撑发展，中国特色、世界水平的高职学校和专业群”，“要带动职业教育持续深化改革、强化内涵建设、实现高质量发展”。此外，在建设目标中明确，“到2022年，要形成一批有效支撑职业教育高质量发展的政策制度和标准”，“到2035年，职业教育高质量发展的政策、制度、标准体系更加成熟完善，形成中国特色职业教育发展模式”。这表明，“双高计划”不仅通过项目支持，使列入计划的高职学校和专业群的办学水平、服务能力、国际影响力显著提升，而且要使一批高职学校和专业群达到国际先进水平，引领职业教育现代化，同时要探索形成中国特色职业教育政策、制度、标准、模式，形成走向世界乃至在世界舞台通行的话语体系。对此，必须也唯有通过强化研究才有可能，如果说，从不达标到达标的路径可以摸着石头过河，那么，从合格迈向良好，从良好迈向优秀，从优秀迈向卓越的过程，一定是在高职改革与发展中不断进行实践性研究，从而提高并形成最佳实践的过程。

（五）强化关于高职提质增效的应用性研究

虽经历了国家示范建设骨干院校建设的过程，又经历了创新发展行动计划的洗礼，但我国高职发展中仍然存在着课程建设难以体现水平差异、校企合作难以进一步突破、师资队伍提升难以带来质的变化等问题，这些都与研究有关，而高职本身的研究也难以产生重要的影响成果。在过去的十几年中，由于主客观的努力，高职院校教师开始撰写有关教研教改和高职改革发展的论文论著，一些重要期刊也开始发表关于高等职业教育的论文论著，一些比较高端的科研项目也列有高等职业教育的课题，但从所形成的结果来看，高职院校的研究成果虽然在数量上有明显提升，但质量总体不高，有重要研究贡献的成果极少，研究在高职院校内涵建设中应该处于什么位置，人们尚未获得清晰的认识。同徐国庆研究结果类似的实际情况是，我国高职院校不仅研究机构少，而且研究机构的力量很弱，学校领导班子对于研究重要性的认识和自身研究水平确需大大提升，必须强化应用性研究，并将之有效转化为对高等职业教育上层次上水平的贡献。

五、基于创新性研究推动中国特色高职教育范式形成

中国的高等职业教育已经经历了 40 年的探索发展，目前已进入内涵建设和质量提升阶段。为促进内涵建设水平和办学质量的提升，许多高职院校都在提出并扩大一些支撑内涵建设的概念，或者对一些国外职业教育发展的概念加以改造和利用，这无疑是有意义的。但如果继续停留在引用和借鉴的层面，无疑对进一步提升中国高等职业教育的水平和质量不够，更不利于打造具有中国特色、世界水平的高等职业教育，也不利于中国职业教育发展模式的探索和形成。在这一背景下，以“双高计划”建设为契机，通过以下四类创新性研究，推动中国特色高等职业教育范式的形成。

（一）中国特色高职教育话语体系构建

习近平总书记强调指出：“要加强国际传播能力建设，精心构建对

外话语体系，发挥好新兴媒体作用，增强对外话语的创造力、感召力、公信力，讲好中国故事，传播中国声音，阐释好中国特色。”作为思维的外衣，话语体系是广泛存在于人类社会交往实践中的语言实践，是承载一个国家或民族思想状况、精神面貌和价值观念的符号化的复杂系统。高等职业教育话语体系是指在高等职业教育实践和理论发展过程中按照一定的逻辑与规划形成的一整套符号的有机话语机构整体，是指一定的高等职业教育理念、内容、方法和实践的具体表征，传递着一定的价值体系和行为准则。要研究建构中国高等职业教育话语体系，必须探索中国高等职业教育的价值体系、观念特征、理论范式、实践成效，这对形成中国特色职业教育高质量发展模式，提升中国在高职教育领域的国际影响力十分重要，也是增强文化软实力和坚定文化自信的内在要求。在过去的一段时间里，我国主要以学习借鉴为主，但现实生活中存在的话语滞后、对照不准等情况比较明显，更何况，就教育领域，各个国家的文化特征、政治制度、学制体系不尽相同，尤其是职业教育作为一种跨界的教育，更受到每个国家经济社会结构和产业发展阶段的影响，简单的拿来主义更是难上加难。目前，我国正在举办世界上规模最大的高等职业教育，正在举办适应中国经济社会发展需要和文化传统的高等职业教育，研究我国自己的话语体系更加重要，如何遵循“博采众长、融合提炼、以我为主、自成一家、中国特色”的要求抓好研究，真正做到不忘本来，彰显中国特色，吸收外来，拓宽国际视野，面向未来，把握时代脉搏，真正构建起我们自己的高职教育话语体系。

（二）中国特色高职教育发展经验总结

近年来，跟跑、并跑、领跑已成为我国高等教育界一组流行的词语。跟跑是指我国高等教育在过去相当长的时间内，主要是模仿西方国家的脚步前行；并跑是感觉我国现在的高等教育水平与西方国家处于同一水平线上并肩前行；领跑即表明当下我国高等教育对未来发展充满自信，也表明未来我国高等教育的发展要靠自己探索。是否也可以这样认为，跟跑是历史事实，差距尚需进一步分析，领跑既过于自信又有点盲目乐观。纵观我国高等职业教育发展实际，40 年来，不仅在政策上举措不定，在实践中也不乏盲目参照，学习借鉴在相当长一段时间内是高职的主旋律。我国对美国、加拿大、德国、瑞士、澳大利亚乃至英国、日本、新加坡的职业教育推崇有加，直到现在，官方仍然把德国双元制摆在十分重要的地位，这无疑也是十分有益的，但中国特色高水平高职学校和专业建设计划项目的使命是要探索中国职业教育发展道路，形成中国职业教育发展模式，简单地依靠行政命令式的学习借鉴是否合适，应当是“双高计划”建设项目本身必须考虑的。实现这一目标的当下战略是努力探索高等职业教育的中国经验，中国经验从何着手，国务院领导和教育行政部门也在努力。2019 年年底，在深圳职业技术学院召开的职业教育高质量发展现场会上，把深圳职业技术学院的经验作为中国发展职业技术教育的经验加以总结和推广，在总结形成中国经验这一意义上，无疑是十分重要的一个开端，需要加大总结的强度、推广的力度。与此同时，我国是地域辽阔、经济社会发展不平衡的国家，尤其是大量三线城市的高等职业教育怎么发展，怎么与当地经济社会发展互动并形成良性循环，更需要在研究中探索和重视。为此，需要在更大范围内总结经验，尤其是研究如何以较少的投入谋求最大的绩效，真正实现“业内都认可，地方离不开，国际可交流”这一目标，同时为形成中国话语体系奠定基础。

(三)中国特色高职教育类型特征提炼

关于中国高职教育的发展，总体而言，是高教性和职教性并重，《方案》开宗明义，职业教育与普通教育是两个不同的类型，具有同等重要地位。《方案》指出，要把发展高等职业教育作为优化高等教育结构和培养大国工匠和能工巧匠的重要方式，使城乡新增劳动力更多接受高等教育。这两段话明确了高等职业教育的双重特性。此外，许多专家学者和高职同行也认为，高等职业教育还有地方性（区域性）的特征，也就是说，高等职业教育要服务于区域经济社会发展需要。对此，早在2014年《国务院关于加快发展现代职业教育的决定》就有明确阐述，以后在《方案》中进一步强调，即高职院校要培养服务区域需要的技术技能人才并为小微企业技术研发和产品升级服务，为社区教育和终身教育服务，除此之外，也确实存在着一部分为整个行业性服务的有特色的职业学校，在职业教育发展过程中，我国也已经初步形成了产教融合、校企合作、集团化办学、现代学徒制人才培养（订单式人才培养）模式等，也强调了“双师型”教师队伍建设的重要性。综上所述，是否已经构成中国特色高等职业教育的类型特征，需要反复研究。当然，作为中国的高等职业教育，根本任务是立德树人，必须坚持在中国共产党领导下扎根中国大地，培养中国特色社会主义建设者和接班人，具体细化为德才兼备的高素质技术技能人才，对上述问题，需要再总结，再归纳，再探索，再提炼。

（四）中国特色高职教育制度标准制定

中国高等职业教育要走向世界，必须有自己的话语体系，从这种意义上说，有专家学者建议，德国有双元制、澳大利亚有 TAFE，而我国可否实行为“双通”（纵向贯通、横向融通）制，也有人建议为 1＋X 和“X＋1”，这无疑是有益的。中国高职教育要真正走向世界，一方面，与我国整体文化实力和影响力、传播力有关，另一方面，也与我国的经济和产业发展水平相关。这几年伴随着我国产业与企业走出去、文化传播及人才培养的需要，我国已开始在国外办学，但如何正确处理语言、文化和产业发展之间的关系，确需开展综合研究。相对而言，在国内标准制定和传播比较容易，在国际范围内则会更加困难一些，为此，需要分步立体推进。首先，要研究适合国情和发展需要的高等职业教育政策制度标准体系，包括国家层面、省级层面或者市县层面，当然，更要鼓励像深圳职业技术学院这样的学校层面，内容包括专业标准、课程标准、教师职业标准、学生毕业标准、学校设施条件标准等。其次，要重点支持走出去设立鲁班工坊、设立海外学院的学校在实践基础上因地（国度）建立相应的教育教学标准、专业标准、课程标准、教员标准、学生入学及毕业标准及学制体系，从局部慢慢走向整体。与此同时，要鼓励或明确要求列入中国特色高水平高职学校建设的 56 所学校，应从校本研究角度形成自身的标准并会同同行建立行业或区域乃至中国标准，为走向世界服务，对于列入中国特色高水平专业群建设的 253 个专业群，也应当结合专业特点进行探索和总结，逐步从学校走向全国、推向世界。

六、结语

我们将依托高等职业教育发展研究中心，发挥中国高等教育学会职业技术教育分会理事长单位组织优势，加强高等职业教育理论与实践研究，基于项目建设，探索构建中国特色高等职业教育话语体系、理论体系与实践体系。聚焦高职教育类型特色，围绕功能与价值、体系与制度、专业与课程、师资与实训、标准与质量等开展研究；坚持理论与实践相结合，为我国高职理论研究提供浙江案例与素材，形成系列高等职业教育研究成果，在创新发展我国高等职业教育理论与实践研究层面做出贡献，为把学校打造成为新时代中国特色高水平高职教育的重要窗口贡献智慧和力量。

领航数字金融惠民生

——金融管理高水平专业群建设的探索与实践

董瑞丽　许嘉扬
（浙江金融职业学院）

《国家职业教育改革实施方案》作为国家深化职业教育改革的纲领性文件，对我国职业教育发展做出了一系列决策部署，指出到2022年，要“建设50所高水平高等职业学校和150个骨干专业(群)”。为进一步落实要求，《教育部 财政部关于实施中国特色高水平高职学校和专业建设计划的意见》(以下简称“双高计划”)明确了建设目标和改革任务，支持建设一批引领改革、支撑发展、中国特色、世界水平的高职学校和专业群。“双高计划”分为高水平高职学校和高水平专业群两类布局，凸显了高水平专业群在新时代高职教育高质量发展中的重要地位。面对数字化时代金融服务模式的变革对金融教育提出的新要求，金融管理高水平专业群以深化产教融合为主线，充分发挥金融人才培养的品牌优势、专业内涵建设的引领优势、助力地方金融发展的地位优势，通过体制机制创新和教育教学综合改革，突出系统性、开放性、协同性，聚焦新变革、新维度和新策略，精准对接产业转型升级的需求，向社会提供更加优质的职业教育，输送更高素质的技术技能型金融人才。

一、金融管理高水平专业群建设的重要性

(一)金融管理高水平专业群建设是培育金融产业生力军的新动能

现代服务业是国民经济的重要组成部分，也是现代产业体系的重

要内容。金融业作为现代服务业的核心，对于支持实体企业和其他服务行业发展具有重要作用。《服务业创新发展大纲(2017—2025年)》指出要“发展高效安全、绿色普惠、开放创新的现代金融服务业，提高金融服务实体经济效能”，“大力发展普惠金融，鼓励发展科技金融、绿色金融，规范发展互联网金融”，“推动金融机构数字化转型，探索区块链等金融新技术研究应用”，“积极稳妥推进金融产品和服务模式创新，有效防范和化解金融风险”。党的十九大报告进一步指出要“着力加快建设实体经济、科技创新、现代金融、人力资源协同发展的产业体系”。而国家战略规划的推进实施及现代金融产业的创新发展，离不开专业人才队伍的建设。

金融管理高水平专业群以培养一流的金字塔形金融人才为目标。培养学生目标定位从时间维度上呈现金字塔形三个层次：一是职业道德优、服务水平好、专业基础知识牢、职业技能水平高、岗位胜任能力强，就业率高、对口率高、起薪高，广受用人单位欢迎的一流技能型金融人才；二是专业知识广博、产品营销意识强、岗位迁移能力强，具有较好后续发展潜力的一流复合型金融人才；三是前瞻思维能力强、创新能力强、管理水平高，具有较强风险防控能力的一流精英型金融人才，如图1所示：

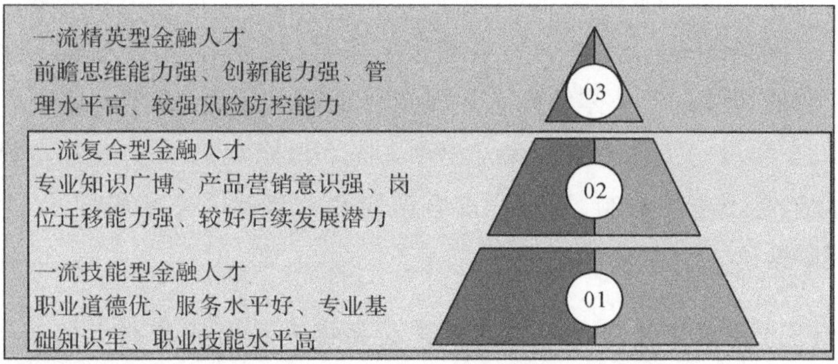

图1　金融管理专业群人才培养目标定位的三个层次

(二)金融管理高水平专业群建设是优化教学资源配置的新抓手

专业群整合了专业之间的教学资源,将专业原本匮乏的资源有效统筹,将专业建设过程中重复的资源进一步优化,进而实现教学资源的最优化。基于专业资源共享的理念,金融管理高水平专业群主动对接区域金融产业及行业发展需求,以人才培养质量优、师资队伍水平高、办学基础条件好、毕业生就业能力强的金融管理专业为核心专业,由课程基础相近、资源共享能力较强、职业岗位相近的国际金融、农村金融、互联网金融、信用管理等相关专业共同组成一个专业集合。五个专业在课程、师资队伍、实验实训等方面互有交叉、渗透、融合,可以降低学校在课程建设、师资投入、实验实训设备等方面的投入,降低专业建设的成本,减少教师授课门数,使教师有更多的时间投入专业建设,实现专业教学资源配置上的帕累托最优(Pareto Optimality),有效地提高专业建设成效。

金融管理高水平专业群以建设一流的专业教学资源为导向。吸引金融机构的业务骨干和高级管理人员加入专业群教师队伍,打造国家级高水平、结构化教师教学创新团队;校企共建金融与互联网金融两个国家级专业教学资源库,实现人人、时时、处处泛在学习;以学生为核心,面向专业群业务岗位,定制典型学习方案,校企合作开发数字化教材;与金融优势企业共同建设集实践教学、社会培训、企业真实生产和社会技术服务于一体的高水平校内外实践基地,实现学生在工作中学习、在学习中工作的实践教学模式;探索试点金融职业教育本科制人才培养,形成可复制、可推广的金融职教本科制人才培养样本,探索金融职教硕士人才培养。

(三)金融管理高水平专业群建设是提升社会服务能力的新引擎

在经济高质量发展、新旧动能接续转换的新时代背景下,以创新驱动为主要特征的区域经济转型和产业结构升级倒逼职业教育改革，迫切需要知识型、技能型、创新型的复合型金融人才。而单一的某一个专业，在服务产业发展的广度、深度、效度等方面存在着明显的短板和不足，因此高水平专业群的建设，更加有利于服务区域内产业的发展，拓宽专业服务面，提高专业的服务能力和服务深度，产生“1＋1＋1＞3”的协同效应。

金融管理高水平专业群以打造一流的社会服务品牌为宗旨。服务浙江万亿金融产业和“一带一路”建设，以产教融合为主线，以数字普惠金融产业二级学院为平台，与金融优势企业开展深度校企合作，构建地方金融科技研发与应用平台，为地方金融机构产品研发、业务创新、流程再造提供智库支持；承接金融行业职工技能提升与转岗培训任务，开展高质量的社会培训，打造集“金融产品研发、行企员工培训、企业资信评估”于一体的社会服务示范品牌；为地方金融机构防范系统性金融风险提供解决方案，为新型金融科技机构全程提供业务指引。

二、金融管理高水平专业群建设的核心要义

“双高计划”文件在第七条“打造高水平专业群”中明确提出要“面向区域或行业重点产业，依托优势特色专业，健全对接产业、动态调整、自我完善的专业群建设发展机制，促进专业资源整合和结构优化，发挥专业群的集聚效应和服务功能，实现人才培养供给侧和产业需求侧结构要素全方位融合。校企共同研制科学规范、国际可借鉴的人才培养方案和课程标准，将新技术、新工艺、新规范等产业先进元素纳入教学标准和教学内容，建设开放共享的专业群课程教学资源和实践教学基地。组建高水平、结构化教师教学创新团队，探索教师分工协作的模块化教学模式，深化教材与教法改革，推动课堂革命。建立健全多方协

同的专业群可持续发展保障机制”。基于此，金融管理高水平专业群建设的核心要义在于以下五个方面。

（一）厘清专业群的组群逻辑

金融管理高水平专业群服务“一带一路”企业走出去，服务乡村振兴战略，服务小微企业，对接浙江万亿金融产业发展布局，适应“人工智能+”金融服务对高素质技术技能金融人才培养提出的新要求，聚焦大数据与普惠金融服务新需求，面向现代金融服务业，立足数字普惠金融等产业高端，以金融管理专业为核心，与国际金融、农村金融、互联网金融、信用管理等专业构建“数字金融+普惠金融”融合共生的专业群，提升人才培养质量，提高金融服务的精度与广度。

五个专业之间具有经济金融、互联网金融与人工智能等相同基础知识要求，具有能沟通、懂礼仪、服务意识强等相同职业素养要求，有利于资源整合，发挥集聚效应。同时明确人才培养差异化定位，精准对接未来岗位需求。其中，金融管理专业聚焦金融机构一线，培养精操作、善理财的金融工匠人才；国际金融专业服务“一带一路”建设，培养外语精通、国际业务娴熟的国际金融人才；农村金融专业响应“乡村振兴”战略，培养扎根农村、服务“三农”的小微金融人才；互联网金融专业瞄准“数字化、智能化应用”，培养精通互联网信息技术、熟悉新金融产品创新的金融科技人才；信用管理专业专注社会信用体系与良好信用生态环境建设，培养能从事征信与信用评级的信用管理人才，如图 2 所示：

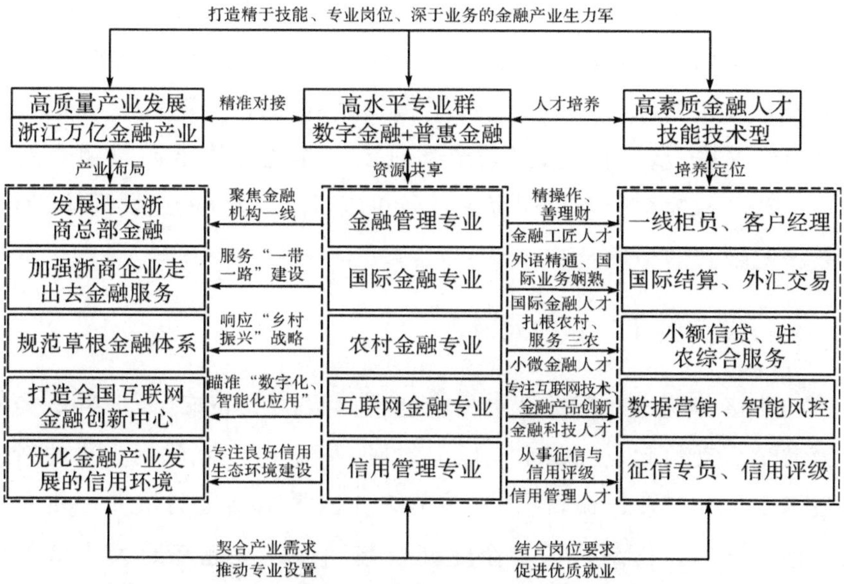

图 2　金融管理高水平专业群的组群逻辑图

(二)强力推进产教融合、校企合作

产教融合、校企合作是职业教育的本质特征和核心要素,也是高水平专业群建设的基本原则。金融管理高水平专业群要主动对接区域产业发展需求,聚焦高端产业和产业高端,强调与行业领先金融优势企业深度合作,主动参与专业领域供需对接和流程再造,使专业设置与产业需求适应,促进教育链、人才链、产业链、创新链深入融合。产教融合、校企合作作为高水平专业群建设的工作主线,强调畅通学校与政府、行业、企业交流渠道,组建产业联盟,培育产教融合型企业,校企共建产业学院、企业工作室、实验室、技术研发基地等产教融合平台,加强与地方政府、产业园区的深度合作,将人才培养延伸至技术研发、产品升级、员工培训、资源共享等方面;发挥行业协调指导的作用,拓宽企业参与校企合作的途径,专业建设对接产业发展,强调具有中国特色的现代学徒制等的创新实践，强化企业主体作用，打造“教学工厂”和产教融合实训基地，深化行业企业全方位参与人才培养，提升校企合作水平。金融管理高水平专业群坚持校企双元办学主体，充分挖掘产教融合的深度，从实体化运作、产学研创一体化等探索产教融合的新路径、新方法，健全校企协同育人长效机制，铸就校企命运共同体，形成产教深度融合的中国范式。

（三）深化人才培养模式改革

人才培养模式改革是高水平专业群建设的中心工作，是组织实施教育教学活动的起点和归宿。以大数据、人工智能、互联网为主的新一轮技术变革和产业革命，使技术技能人才的需求结构与培养规格发生根本性变化。在传统产业与企业岗位基础上建立起来的人才培养体系不再适应“新技术、新产业、新业态”的新需求。在新职教背景下，金融管理高水平专业群注重推进“三教”改革，健全德技并修、工学结合育人机制，建设内容强调校企共同研究制订人才培养方案，及时将新技术、新工艺、新规范纳入教学标准和教学内容；体现职业教育集团、产教融合型企业等组织在人才培养中的价值，发挥产业学院、协同创新中心等载体在校企合作中的作用；利用现代学徒制、1＋X证书制度试点等项目深化人才培养改革，组建教师教学创新团队，探索教师分工协作的模块化课程，对接区域人才需求，服务产业转型升级。在改革任务中，金融管理高水平专业群对接多样化生源，因材施教，推进学生学业综合评价改革，建立校级学分银行，健全学分积累及转换制度，其中学分银行成为专业群推进人才培养改革的重要抓手；对接岗位职业技能要求，打造高水平专业体系、教学体系、教材体系、管理体系，设置模块化课程，注重学用相长、知行合一，着力培养学生的创新精神和实践能力，增强学生的职业适应能力和可持续发展能力，培养产业急需、技艺精湛的高素质技术技能人才。

(四)打造技术技能创新服务平台

金融管理高水平专业群注重对接科技发展趋势和行业企业发展,结合区域经济金融发展和学校专业优势,在方案制订过程中,重点强调学校在技术技能积累和创新方面的作用;通过建设协同创新中心、创新创业基地、产教融合平台等运行载体,依托院士、各类学者、行业企业领军人才等高层次人才组建科技与金融创新团队,与行业企业开展项目合作、师资共享、学生交流等,主动参与供需对接和流程再造,打通政产学研用合作通道,促进专业群与行业企业深度合作,引进资源,实现优势互补,构建产教融合型技术技能创新服务体系;打造由政府专家、行业专家、跨专业教师和学生组成的智库咨询与技术服务团队,通过项目任务载体,不断提升研发团队的创新能力,联合行业领先企业协同开展技术攻关与横向合作;以技术技能积累和创新为纽带,合作开展科技攻关及产学研活动,促进技术技能积累和社会服务能力提升,组织开展校际科研与社会服务项目合作,打造集人才培养、技术创新、智库咨询、产品研发、创新创业等于一体的高水平技术技能创新服务平台。

(五)加强体制机制改革

引领改革是“双高计划”的重要建设内容,金融管理高水平专业群注重从体制机制上破解服务金融企业技术研发和产品升级问题。专业群通过校企双方共建产业学院,完善校企合作机制体制,建立协同创新、人才聘用、资源配置、考核评价等方面政策,促进创新资源和要素的快速汇聚,在人才培养、团队建设、任务分工等方面进行修订或增补协同创新管理制度;强调建设校企共建产业学院、研发中心等具有混合所有制属性的组织,突破校企合作中存在的瓶颈。

三、金融管理高水平专业群建设的实践路径

(一)校企共建产业二级学院,创新“双元共享、知行合一”的专业群人才培养模式

专业群契合数字普惠金融和浙江万亿金融产业发展的人才需求,以产教融合为主线,以现代学徒制人才培养为抓手,基于一流技能型、复合型、精英型金融人才培养目标定位,从人才培养与社会服务的双重视角,与金融优势企业共建数字普惠金融产业二级学院,建立校企合作新型战略伙伴关系。打造高水平、结构化教师教学创新团队,共建共享国家级专业教学资源库,以虚拟现实技术模拟真实工作场景;共建共享“行校一体”实践教学基地,开展“做中学、学中做”教学改革,共同评价学习者学习成效,形成“双元共享、知行合一”的金融管理专业群人才培养模式。在此基础上,研制金融管理专业群教学标准,形成在全国可借鉴的模式;研制金融管理专业群职教本科专业标准,探索开展本科招生试点工作,形成可供推广的金融管理专业群职教本科专业标准范式,如图 3 所示:

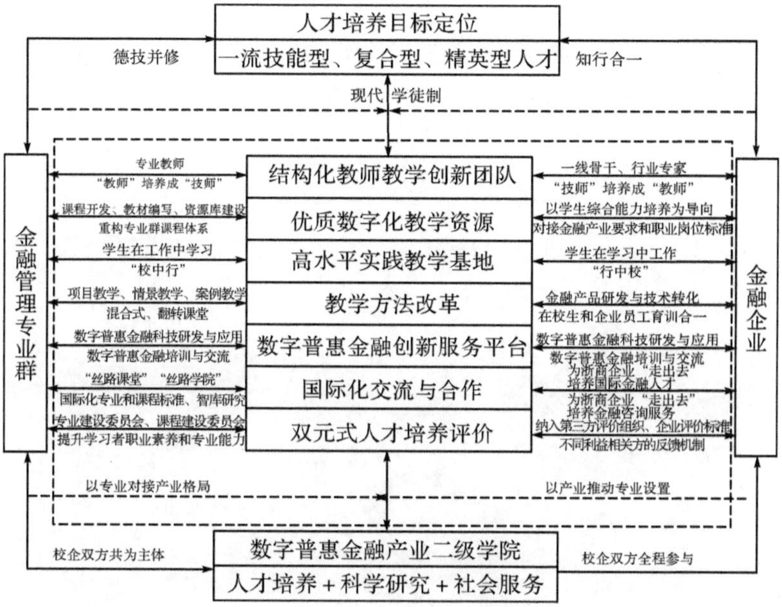

图 3　金融管理专业群“双元共享、知行合一”人才培养模式

(二)构建书证融通的专业群课程体系,校企共建优质数字化教学资源

对接国家学分银行,开展 1+X 试点工作,以金融产业需求、企业岗位(群)要求和职业技能等级标准为依据,在岗位职业能力分析的基础上,构建“专业群共享课程+专业特色课程+岗位能力迁移课程+证书培训课程”专业群课程体系,培养学生综合素质,使毕业生获得学历证书的同时获得 2—3 本职业技能等级证书;从产业需求视角,面向金融企业典型工作任务和业务流程开展顶层设计,将金融行业领域的新技术、新业务、新规范和金融职业技能等级证书培训内容有机融入课程教学内容,开发专业群课程标准;升级金融专业、互联网金融专业两大国家教学资源库,校企共同开发 20 门优质数字化课程与教学资源,资源类型包括课程标准、电子教材、电子教案、教学课件、教学录像、

课堂实训、习题试卷、企业案例、动画视频、参考资料、虚拟仿真等，将金融产业新变化转化为数字化教学资源新要素，有效满足学习者的泛在学习需求，如图 4 所示：

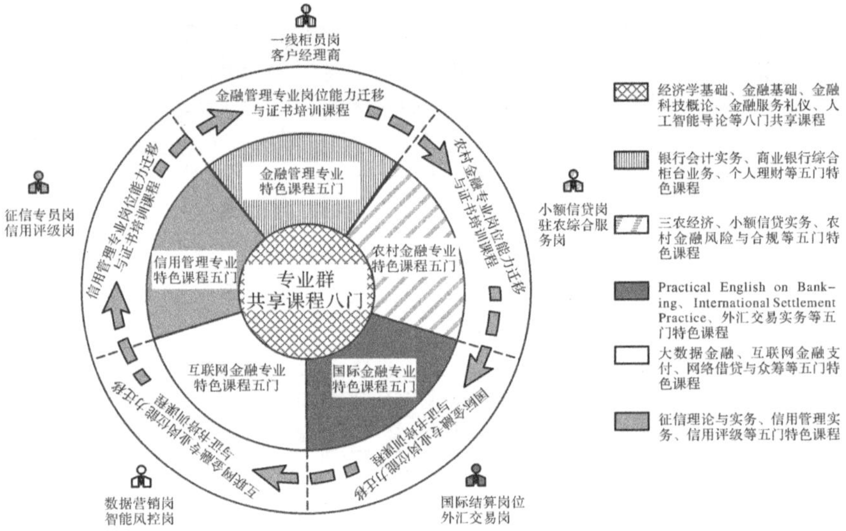

图 4　金融管理专业群书证融通，多层次、互通式课程体系结构图

（三）融入金融行业新技术、新业务、新规范，推动教材、教法创新

与大中型商业银行、地方中小商业银行等金融机构合作，融入金融行业新技术、新业务、新规范，共同开发工作手册式、活页式金融特色教材，配套建设数字化教学资源；对接金融行业岗位要求与业务流程，强化有效沟通、服务他人的学生素质培养，优化教学过程，设计教学活动；以金融专业、互联网金融专业国家教学资源库、中国大学 MOOC 等为平台，运用虚拟现实、大数据、云计算、人工智能等现代信息技术，围绕“教、学、训、赛”等实际教学活动重组教学资源，将金融管理专业群面向的岗位工作场景转化为数字化模拟应用场景，采用线上线下混合式教学、项目教学、情景教学、案例教学等多种教法，推广实时互动、翻转

课堂、移动学习等信息化教学模式，促进自主、泛在、个性化学习。建设智能化的课程教学与实训管理系统，采集和分析教学过程行为数据，如图 5 所示：

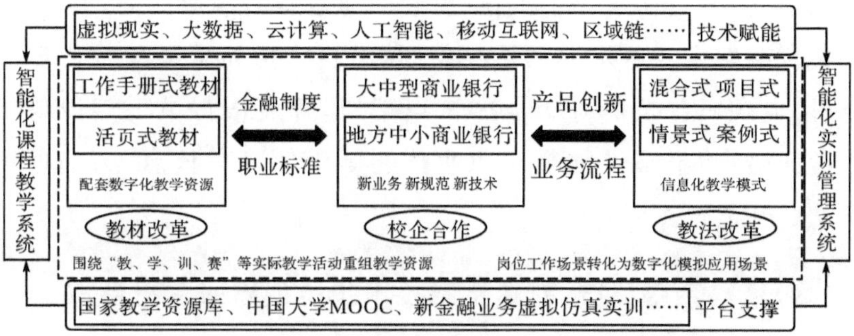

图 5　智能化课程教学与实训管理系统框架图

(四)建立大师和名师工作室，打造高水平、结构化教师教学创新团队

采取引进与培养联动、专兼结合的模式，将"教师"培养成"技师"、"技师"培养成"教师"，打造"顶尖专家学者、双专业带头人、双师教师""三位一体"的高水平、结构化教师教学创新团队；建设国家级技能大师、行业杰出技能大师、教学名师工作室，带动专业教师组建团队，通过指导、实战、培训与孵化等方式，全面提升教师队伍创新能力与社会服务能力；发挥国家级大师、名师特长，结合教师专长，打造分工协作、模块教学的师资队伍，引领全国高职金融类专业教师队伍发展。

(五)融入金融行业资源要素，校企共建开放共享的校内外实践基地

金融行业全要素融入，与民生银行等金融机构共建智慧银行、金融科技创新等实验室，建设校内浸润式金融企业职业场景，开展金融业务实训，集劳动教育、工匠精神传承、学生职业能力培养于一体，提升

学生职业素养;与浙商银行共建“校中行”,学生在工作中学习,在真实业务处理过程中提升职业能力;与杭州联合银行、微贷网、杭州有数金服等紧密型合作企业共建“企中校”,共育普惠金融、消费金融、数据经理现代学徒,学生在学习中工作,提升职业意识与职业能力,实现学校、企业共育金融人才的培养目标;与优势特色金融企业共建校内培训中心,对接金融职业技能等级证书试点工作,开展银行员工培训与校内学生考证培训,申报设立金融职业技能等级证书考核点,与培训评价组织联合开展证书考核工作。

(六)聚焦金融科技,打造金融技术技能创新服务平台

依托学校服务万亿金融产业协同创新中心,校政行企共建共享,构建数字普惠金融科技研发团队;建设浙江省数字普惠金融技术技能创新服务平台,开发移动客户端和 PC 端平台服务功能;发挥互联网与大数据金融、信用管理、地方金融、小微金融四大研发团队作用,以 AI 金融指数体系构建、信用评估指标体系构建、金融风控模型构建、金融创新产品研发、金融创新指导、金融政策咨询等形式,提供金融技术技能创新服务。

(七)着力产业转型升级与金融教育培训,提供高质量社会服务

开展大数据信用评级应用与推广工作,实现信用评估指标体系的成果转化,与资信评估机构深度合作,为浙江省中小企业提供信用评级服务,助力良好的信用生态环境建设;依托 AI 金融工作室、互联网金融综合实训中心等产教融合载体,合作研发基于人工智能的金融应用产品;依托中国农业银行培训中心等培训基地,提供金融业务、金融管理等专项培训服务,助推金融行业员工业务能力及转岗能力提升;建设金融科技创业导师培训基地、金融管理专业群“双师”教师培养培训基地,开发培训资源包,开展中高职财经类专业师资培训,提升专业

教师的教育教学能力、专业能力；开展社区金融服务、金融知识“三下乡”、金融“精准扶贫”等社会服务项目，提升大众金融知识素养，防范金融风险。

(八)深度融入“一带一路”建设，提升金融管理专业群国际化水平

面向外资企业与“走出去”浙商企业培养国际金融人才、提供金融科技领域培训，为“一带一路”建设提供人才支持；发挥专业群优势地位及国家教学资源库平台的资源共享与辐射功能，向东盟、中东欧等“一带一路”国家高校输出优质金融职教资源，提供职业教育发展的中国方案；面向中东欧地区开展智库研究，开展教学、科研、学生交流、海外研修等校际合作，促进教研成果、金融文化在“一带一路”国家传播交流；与义乌丝路新区管委会开展政校企合作，进行区域性跨境金融结算、贸易融资等专题研究，为政府和企业参与“一带一路”建设提供金融咨询服务。

(九)强化质量保证体系和动力机制建设，为专业群可持续发展提供机制保障

依托学校智能校园和教学质量诊改平台，充分利用大数据、人工智能等现代信息技术手段，以专业、课程、教师、学生为对象，优化教学质量监控机制，强化专业群可持续发展的内部质量保证；与金融行业协会、专业第三方评价组织合作，推进专业群办学质量监测与人才培养质量评价，完善学生成长跟踪评价、毕业生跟踪反馈、用人单位满意度调研等反馈机制，深化专业群建设外部质量保障；建立健全项目绩效考核评价和激励机制，激发教师从事教学改革、技术研发、政策咨询服务的积极性与主动性，为专业群改革创新提供内生动力，如图6所示：

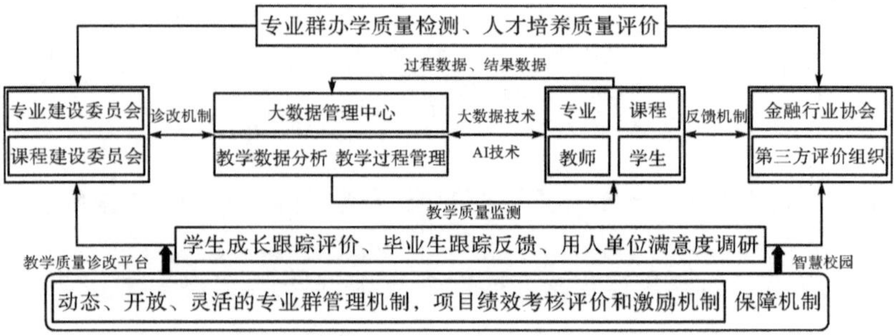

图6　金融管理专业群基于大数据和人工智能技术的质量保障体系

四、金融管理高水平专业群建设的重点任务

（一）深耕内涵发展，创新产教融合人才培养模式

金融管理高水平专业群坚持立德树人、深耕内涵发展，紧密围绕"培养什么人、怎样培养人、为谁培养人"这一根本问题，着力培育精于技能、专于岗位、深于业务的金融产业生力军。在探索与实践中，创新"双元共享、知行合一"的人才培养模式，通过多方主体协同、多种要素融合、多元课程建设、多维互动育人，建立主动适应行业发展与人才市场变化的人才培养与管理体系；充分利用教育资源优势，以锐意进取、不断创新的姿态，锻造高端复合型、市场化人才培养模式，形成独特的人才培养核心竞争力。专业群与行业、企业、政府部门共同创新协同育人机制，基于信息化平台共建、共享、共管人才培养全过程；根据生产、服务的真实技术和流程构建场景式知识教育体系、技术技能训练体系和实验实训实习环境，打造校企合作的创新服务平台，加强产业技术技能积累，促进先进技术转移、应用和创新；增强服务区域经济金融发展的能力，提高学习者创造价值的能力，从而达到金融管理高水平专业群人才供给侧改革的目标。

(二)以群为口径,构建多层次、互通式课程体系

专业群建设最核心的任务是以群为口径,重构课程体系。为了动态满足金融行业、企业的需要,落实高素质技术技能人才的培养目标和毕业生的能力要求,金融管理高水平专业群突破传统框架、突破各专业之间的界线,对学科内涵、谱系、格局进行全面分析;不同专业方向的教师通力合作,在批判性思维的指导下,进行课程、内容、形式与评价体系的开发与创新;遵循国家 1+X 制度,系统设计“专业群共享课程+专业特色课程+岗位能力迁移课程+证书培训课程”架构,建立“书证融通,多层次、互通式”课程体系。专业群共享课程以促进学生掌握专业基础知识、提升学生综合职业素养、培养与训练学生创新精神、创新意识、创新创业能力为目标;专业特色课程是专业群内体现各专业人才培养特色设置的专业核心课程;岗位能力迁移课程满足学生职业岗位多样化选择及获得多个职业技能等级证书需要,实现群内五个专业岗位群的互融互通,提升专业人才岗位迁移能力;证书培训课程对接职业技能等级证书,满足学生考证需要,对专业课程未涵盖的内容或要特别强化的实训,职业技能等级证书培训课程也可作为社会人员职业技能等级考证培训课程。

(三)立足行业人才需求实际,研制专业群职教本科专业标准

社会经济转型升级,高新技术的应用与发展对产业从业人员的综合素养、技术技能提出更高的要求,迫切需要进一步提升职业教育人才培养层次,建立不同层次职业教育之间的立交桥,构建中国特色的现代职业教育体系。当前,发展职教本科是教育界的一个重要战略课题。《国家职业教育改革实施方案》明确提出“开展本科层次职业教育试点”,为职业教育改革与发展提供新思路、新方法、新途径。为了满足学生追求高层次教育的愿望,同时有效回应产业转型升级发展对高层

次金融应用型技术技能人才的需求，金融管理高水平专业群立足行业人才需求实际，研制职教本科专业标准。面对金融环境的多方面变化及金融行业的深层次改革，基于大数据与普惠金融服务需求，以人才供给与需求调研为起点，明确群内专业职教本科人才培养定位，从培养规格、课程体系、师资队伍、教学条件、技术研发与服务等方面制定职教本科标准，通过培养目标、能力、项目与课程的一体化改革，培养出特色明显、符合行业需求、满足区域经济社会发展需要的高层次金融技术技能人才。

（四）因势利导，推动数字技术与“三教”改革的深度融合

“双高计划”明确提出要“促进信息技术和智能技术深度融入教育教学和管理服务全过程”，足以见得当下教师、教材、教法改革（简称“三教”改革）必须顺应数字化时代发展而同步演进的必要性与迫切性。金融管理高水平专业群在数字化时代通过高质量创新型教师队伍建设、新形态优质教材开发、与新环境形态相适应的教学方法改革，集中解决“谁来教、教什么、怎么教”的问题。建立专业教师教学能力模型图，围绕“职教20条”提出的结构化“双师型”教学创新团队建设和新时代职业院校教师专业发展问题，依托数字技术提升专业群内专业教师与行业兼职教师的教学能力，促使行业兼职教师在数字技术环境下最优化参与课程教学；在数字技术的辅助下，将教材开发成学生有意义学习的内容，实现教学资源随产业技术的同步更新，突出教材的场景化、动态化、多媒化，破解教材内容滞后行业发展、形式单一等问题；围绕基于数字生态环境的教师教法、学生学法两个层面，实现数字技术在课堂教学中的恰当应用。

五、金融管理高水平专业建设的预期成效

（一）建设高质量技术技能人才培养高地，实现一流专业人才培养成效

通过金融管理高水平专业群项目建设，以数字普惠金融产业二级学院为载体，引领金融职业教育服务国家战略、融入区域发展，服务浙江万亿金融产业的技术技能人才培养和技术创新，以精神引导、品德强化、技艺训练与能力提升为一体，德技并修，实现人才培养供给侧和产业需求侧结构要素全方位融合，走出众多"金融工匠"，实现一流专业人才培养成效。

（二）建设高标准技术技能平台，为金融产业发展与区域经济发展提供一流技术服务支持

专业群主动适应金融业态创新发展，依托金融大数据分析信息与金融科技指数发布，为数字普惠金融提供精准服务，提高金融风险防范的效度与金融生态环境营造的广度，为金融产业发展提供有效服务支撑。

凸显金融管理专业群专业特色优势与集聚度，服务区域经济发展和产业转型升级，打造专业群技术技能创新服务平台特色品牌。

携手阿里巴巴　插上数字翅膀　打造全球标杆

——国际贸易实务高水平专业群建设的探索与实践

章安平
（浙江金融职业学院）

为深入贯彻落实全国教育大会精神，落实《国家职业教育改革实施方案》，教育部、财政部联合印发《教育部 财政部关于实施中国特色高水平高职学校和专业建设计划的意见》（以下简称“双高计划”），支持建设一批引领改革、支撑发展、中国特色、世界水平的高职学校和专业群。国家高水平学校拥有2个国家高水平专业群，国家高水平专业群建设学校拥有1个国家高水平专业群，可见高水平专业群建设是“双高计划”的基础和核心。顺应传统国际贸易向数字国际贸易转型的新形势，浙江金融职业学院组建了由国际贸易实务、国际商务、跨境电子商务、商务英语四个专业构成的国际贸易实务专业群，从人才培养模式改革、教师教学创新团队和技术技能创新服务平台建设等方面开展探索和实践，总结高水平专业群建设路径与模式。

一、国际贸易实务高水平专业群建设的重要性

（一）满足数字国际贸易复合型人才培养的新需求

在第四次全球化浪潮下，依托于互联网、物联网、大数据、云计算、区块链、人工智能等新技术，传统国际贸易的主体、对象、流程和规则发生了巨大改变，传统国际贸易逐渐向数字国际贸易转型，贸易主体更普惠，贸易对象更多元，贸易效率更优化，贸易流程更便捷，能够实现全

球生产、消费和服务无缝对接。数字国际贸易正成为全球关注的焦点。可以预见，未来数字国际贸易将成为各国贸易增长的新引擎，在驱动经济持续增长方面将发挥重要作用。在此背景下，中小外贸企业急需大批具备数字素养、复合技能、创新能力的数字国际贸易人才。

国际贸易实务专业群服务数字国际贸易产业链，面向跨境电商企业，培养具有“国际化视野、创新型思维、职业化标准”的复合型跨境电商技术技能人才，其中国际贸易实务专业面向跨境电商 B2B 企业的运营专员、销售专员、营销专员岗位，跨境电子商务专业面向跨境电商 B2C 企业的运营专员和营销专员岗位，国际商务专业面向跨境电商 B2C 企业的采购专员和物流专员岗位，商务英语专业面向跨境电商 B2B、B2C 企业的客服专员和商务助理岗位。

（二）引领全国国际贸易类专业集群发展的新改革

随着数字国际贸易的不断演进，个性化需求和智能制造使贸易模式呈现高度复合化，贸易各环节之间信息流动频率加快使全球数字贸易同时呈现出高度扁平化趋势。合格的数字国际贸易人才需具备成长型思维和跨学科、跨领域知识结构，具有多种专业能力，能开展运营分析和策划、全网营销、跨境贸易等较复杂的全产业链运营操作，并解决企业数字化转型过程中较复杂问题的业务规划、风险防控等复合技能。因此，各个国际贸易类专业若各自为政、割裂发展，很难培养出合格的数字国际贸易人才。

国际贸易实务专业群紧密对接数字国际贸易产业链和跨境电商人才链，基于产业对复合型技术技能人才的需求，以“资源共享、优势互补、协同发展”为原则，共享合作企业、用人单位、校内实训基地、校外实习实训基地、专业课程、专任专业教师和校外兼职教师，实现群内教育教学资源最大化共享。专业群以国际贸易实务专业为龙头，引领跨境电子商务专业、国际商务专业和商务英语专业协同发展。

(三)打造向世界展示国际贸易专业范式的新窗口

"双高计划"总体目标提出,到2022年,列入计划的高职学校和专业群的办学水平、服务能力、国际影响显著提升,为职业教育改革发展和培养以千万计的高素质技术技能人才发挥示范引领作用,使职业教育成为支撑国家战略和地方经济社会发展的重要力量。形成一批有效支撑职业教育高质量发展的政策、制度、标准。到2035年,一批高职学校和专业群达到国际先进水平,引领职业教育实现现代化,为促进经济社会发展和提高国家竞争力提供优质人才资源支撑。职业教育高质量发展的政策、制度、标准体系更加成熟完善,形成中国特色职业教育发展模式。

国际贸易实务专业群以产教深度融合、校企紧密合作为主线,积极探索"阿里巴巴数字贸易学院"产业二级学院和跨境电商综合服务协同创新中心的运行机制、"双元双优"结构化教师教学创新团队配套制度、"双元育人书证融通"复合型技术技能人才培养模式,开发跨境电商系列岗位标准、专业群人才培养方案、专业教学标准、课程标准、顶岗实习标准等专业群标准体系,形成建设范式,输送中国方案,成为向世界展示中国特色高水平专业群建设成果的重要窗口。

二、国际贸易实务高水平专业群建设的核心要义

"双高计划"文件在第七条"打造高水平专业群"中明确提出要"面向区域或行业重点产业,依托优势特色专业,健全对接产业、动态调整、自我完善的专业群建设发展机制,促进专业资源整合和结构优化,发挥专业群的集聚效应和服务功能,实现人才培养供给侧和产业需求侧结构要素全方位融合。校企共同研制科学规范、国际可借鉴的人才培养方案和课程标准,将新技术、新工艺、新规范等产业先进元素纳入教

学标准和教学内容,建设开放共享的专业群课程教学资源和实践教学基地。组建高水平、结构化教师教学创新团队,探索教师分工协作的模块化教学模式,深化教材与教法改革,推动课堂革命。建立健全多方协同的专业群可持续发展保障机制”。基于此,国际贸易实务高水平专业群建设的核心要义在于以下四个方面。

(一)厘清专业群的组群逻辑

国际贸易实务专业群面向现代服务业,对应《国民经济行业分类》(GB/T4754—2017)第三产业的F门类行业中的批发业(F51)和零售业(F52),立足国际贸易产业高端—数字国际贸易,定位于数字国际货物贸易—跨境电子商务,其中跨境电商B2B(企业对企业)对应批发贸易,跨境电商B2C(企业对消费者)对应零售贸易。专业群面向的岗位群覆盖了跨境电商B2B和B2C全业务链。国际贸易实务专业培养跨境电商B2B前端和中端业务人才;跨境电子商务专业和国际商务专业培养跨境电商B2C前端和中端业务人才;商务英语专业培养跨境电商B2B和B2C后端业务人才。专业群逻辑性如图1所示。

(二)深化产教融合校企合作

高水平专业群要积极创新高等职业教育与产业融合发展的运行模式,精准对接区域人才需求,提升服务产业转型升级的能力,与行业企业形成命运共同体,为加快建设现代产业体系,增强产业核心竞争力提供有力支撑。国际贸易实务专业群主动对接浙江数字经济发展需求,聚焦数字国际贸易产业高端,与行业领先企业阿里巴巴开展深度合作,主动参与专业领域供需对接和流程再造,实现专业设置与产业需求适应,促进教育链、人才链、产业链、创新链深入融合。校企共建“阿里巴巴数字贸易”产业学院、跨境电商综合服务协同创新中心、数字国际贸易研究院等产教融合平台,打造集人才培养、技术创新、智库咨

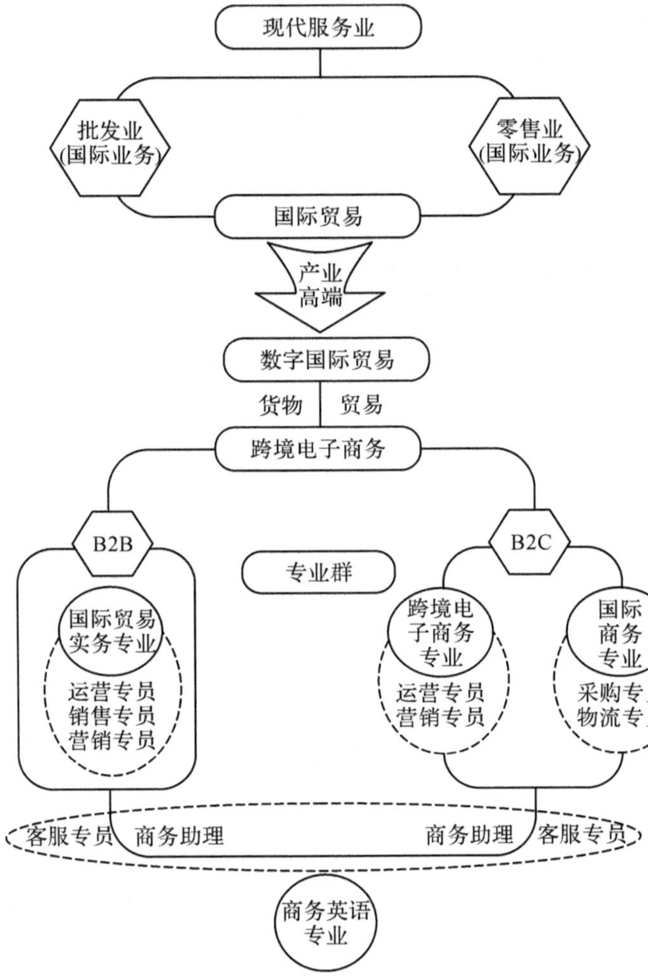

图 1　专业群组群逻辑

询、产品研发、创新创业等于一体的高水平技术技能创新服务平台，铸就校企命运共同体。

(三)全面推进“三教”改革

国际贸易实务专业群主动对接“一带一路”建设、国际贸易数字化转型和跨境电商新业态发展需求，校企共同研制科学规范、国际可借鉴的专业群人才培养方案和课程标准，将数字国际贸易新技术、新工艺、新规范等产业先进元素纳入教学标准和教学内容，建设开放共享的专业群课程教学资源和实践教学基地；引进行业大师、行业专家、行业骨干，与校内专业带头人、课程负责人、骨干教师组成“双专业带头人”“双课程负责人”“双导师育人团队”，形成一支高水平、结构化“双元双优”教师教学创新团队，探索教师分工协作的模块化教学模式，深化能力本位互联网＋教材教法改革，打造新形态一体化精品教材和数字“金课”，推动课堂革命。

（四）实现专业群可持续发展

国际贸易实务专业群积极完善内部质量保证体系，设计专业群周期性诊改方案，从专业群、专业、课程、教师、学生五个维度开展常态化诊改。以质量文化为统领，以诚信文化、匠人文化、数字文化的产业端文化为灵魂，以课堂文化、社团文化、跨境文化的教育端文化为抓手，创新产教融合文化体系，形成职业教育高质量发展的文化生态。与第三方认证组织合作，参照国际商科认证范式开展专业建设，提高专业人才培养的国际美誉度。基于内、外部质量保障，构建学校、企业、第三方认证组织等多方协同的可持续发展保障机制。

三、国际贸易实务高水平专业群建设的实践路径

（一）创新“双元育人　书证融通”人才培养模式，打造跨境电商技术技能人才培养高地

1.“双元育人　书证融通”复合型技术技能人才培养模式的内涵

对接岗位标准确定人才培养目标，对接职业技能等级标准开发教

学内容，依托“双元双优”教学创新团队，共同开发岗标、专标、课标，共同备课、授课、命题、指导学生实践，开展“学历证书＋跨境电商职业技能等级证书”融通培养，实现学生优质就业与可持续发展。“双元育人书证融通”复合型技术技能人才培养模式运行机制如图 2 所示。

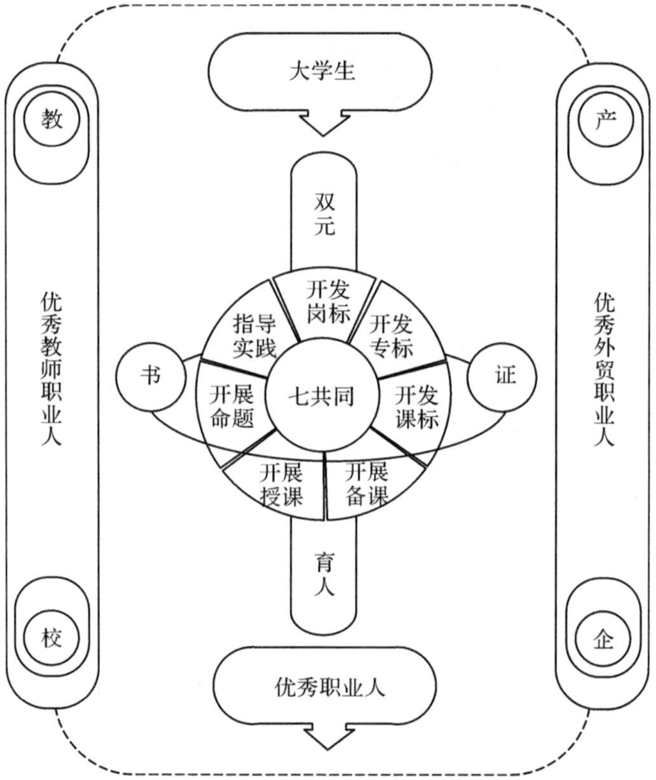

图 2 “双元育人 书证融通”复合型技术技能人才培养模式运行机制

2. 建设阿里巴巴数字贸易学院，培养培训跨境电商紧缺人才

发挥专业群建设基础优势，联合全球数字国际贸易龙头企业阿里巴巴共建阿里巴巴数字贸易学院，服务数字国际贸易产业，合作开发跨境电商岗位标准和教育教学标准，采用现代学徒制培养跨境电商紧缺人才；合作开发跨境电商岗位培训标准和培训课程，协同培训中小微跨境电商企业员工；合作开展跨境电商技术攻关，协同支撑传统外贸企业数字化转型。

3. 校企共同开发岗位标准和职业技能等级标准，开展1+X证书制度试点

校企共同开发跨境电商B2B销售专员、B2C运营专员等9个岗位标准。界定跨境电商各岗位的专业知识、职业能力和职业素质要求，明确人才培养规格。根据岗位标准，校企合作制订跨境电商B2B和B2C职业技能等级标准、培训教材、师资培训方案。积极开展“学历证书+跨境电商职业技能等级证书”制度试点，把跨境电商B2B和B2C职业技能等级标准的综合能力要求融入专业课程中，学生完成专业课程学习，就能考取职业技能等级证书，实现“书证融通”。

4. 构建双语教育教学标准体系，服务全球跨境电商人才培养

对接数字国际贸易产业，基于全球对跨境电商人才的迫切需求，校企共同开发双语教育教学标准体系，包括专业教学标准、课程标准、顶岗实习标准、实训条件建设标准和教学创新团队建设标准，为全球跨境电商人才培养提供中国方案。

5. 制订专业群人才培养方案，实现课程底层共享、中层分立、高层互选

专业群人才培养方案专业课程体系由专业基础课、专业核心课和专业拓展课三类课程构成。群内四个专业共享“国际贸易基础”“跨境电商基础”等8门专业基础课程；四个专业根据人才培养目标岗位设立专业核心课程，国际贸易实务专业开设“跨境电商B2B运营”“跨境电商B2B营销”等6门专业核心课程，跨境电子商务专业开设“跨境电商B2C运营”“跨境电商视觉设计”等6门专业核心课程，国际商务专业开设“跨境电商采购管理”“跨境电商物流”等6门专业核心课程，商务英语专业开设“跨境电商客服”“跨境电商文案策划与撰写”等6门专业核心课程，如图 3 所示。各专业为群内其他专业提供专业拓展课程包，学生结合目标岗位客观需求和个人职业发展主观意愿，自主选择专业拓展方向，提升岗位迁移能力。

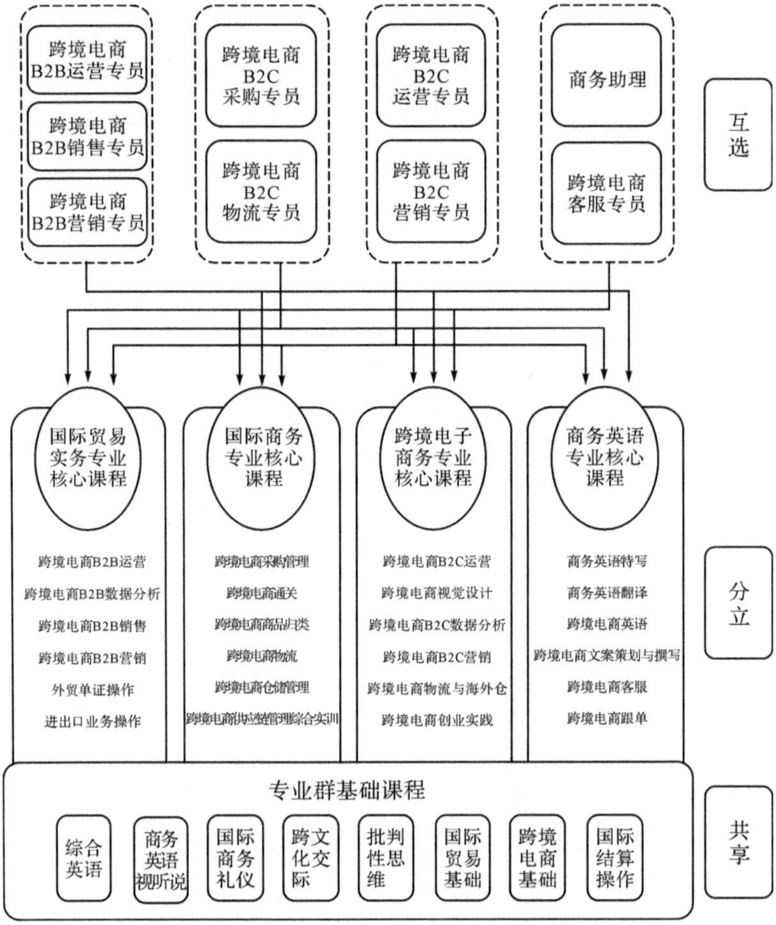

图 3　专业群课程结构

6. 系统梳理行业人才需求，构建跨境电商人才职业素质养成体系

基于对行业人才需求的系统梳理，从国际化视野、创新型思维、职业化标准三个维度构建跨境电商职业素质养成体系。针对一年级学

生，着重人文素养提升、国际商务文化体验、跨境电商创业启蒙；针对二年级学生，着重专业素养提升、操作技巧积累、企业文化熏陶；针对三年级学生，着重职业素养提升、职业形象美化、创业实战历练。通过学生社团、跨境电商创新创业英才班、国际化培优班、“译匠”训练营等各类载体，培育和传承工匠精神，提升学生的就业竞争力和可持续发展能力。

（二）升级改进专业教学资源库，打造双语在线精品培养培训课程

1. 服务国际贸易数字化转型，升级改进国际贸易专业国家教学资源库

对接“一带一路”建设、国际贸易数字化转型和跨境电商新业态发展需求，面向跨境电商 B2B 运营专员、B2C 运营专员等跨境电商新岗位，按照“重质量、强应用、建机制”的原则，遵循“一体化设计、结构化课程、颗粒化资源”的逻辑，坚持“能学辅教”的功能定位，根据数字国际贸易产业发展，持续更新专业级、课程级和素材级教学资源，基于资源库大数据用户行为分析，优化、拓展平台功能，校政行企协同升级改进国际贸易专业国家教学资源库。

2. 建设双语学历课程，打造国家级、省级和校级在线精品课程体系

坚持“用户受益第一、开放共享为先”的基本理念，从数字国际贸易产业人才需求和 1＋X 证书制度试点出发，重构专业群课程体系，开发 32 个双语课程标准，建设系统化数字教学资源，出版 32 门数字课程，建设 3—4 门国家级、8—9 门省级和 11—12 门校级在线精品课程。按照“宽口径、厚基础、既独立、又相通”的原则，夯实“国际贸易基础”“跨境电商基础”等专业基础课程，深化“跨境电商 B2B 运营”“跨境电商 B2C 运营”等专业核心课程。

3. 建设双语培训课程，服务职业技能等级证书培训和境内外企业

员工培训

围绕跨境电商 B2B 运营专员、B2C 运营专员等 9 个岗位的典型工作任务开发“Google 大数据分析”“亚马逊运营”“速卖通营销推广”等 24 门双语在线精品培训课程，服务跨境电商 B2B、B2C 职业技能等级证书培训，服务境内外企业员工培训。将跨境物流、跨境支付、电子认证、信用体系、数字贸易争端解决机制等数字国际贸易产业新技术、新标准、新规范融入教学内容，充分发挥资源库职业教育和社会培训的功能，提升用户岗位迁移和职业可持续发展能力，为我国“走出去”企业以及“一带一路”沿线国家企业提供人力资源支撑。

(三)推动能力本位“互联网+”教材教法改革，打造新形态一体化精品教材和数字“金课”

1. 校企双元开发新形态一体化系列教材，实现与在线精品课程的“互联网+”式互动

以学生为中心，以能力为本位，以业务流程为主线，以数字资源为支撑，校企双元开发“跨境电商 B2B 数据分析”“跨境电商营销”等 32 本新形态一体化系列教材，实现其与在线精品课程的“互联网+”式互动，使资源既能开放共享，又能深度应用。以知识点和技能点为颗粒度，精选具有典型性、实用性的微课、动画、漫画、沙画、视频、图表等类型丰富的高级别数字化教学资源，在教材中进行标注，并将优质资源以二维码形式突出，即扫即用。学习者使用本系列教材时，扫描封面上的二维码，即可进入在线精品课程学习平台，及时、便捷、灵活地使用课程资源；扫描前言边白处的二维码，即可观看该课程的介绍视频，了解课程的设计思路与结构框架；扫描正文边白处的二维码，即可获取与重要知识点、技能点对应的优质数字化教学资源；扫描相应场景图标，通过 VR 技术可身临其境地体验行业场景。通过专业群教材改革，展示在线精品课程开发成果，提供专业群教学资源整合应用新方案。

2. 开展“能力本位”的“互联网＋”教法改革，打造数字“金课”

依托专业群结构化、系统化的在线精品课程和丰富优质的数字化教学资源，结合不同课程性质和特点，开展“能力本位”“互联网＋”教法改革。如在“跨境电商 B2B 运营”“跨境电商 B2C 运营”等课程中开展项目教学，在“跨境电商 B2B 营销”“跨境电商创业实践”等课程中开展合作学习，在“跨境电商客服”“跨文化交际”等课程中开展案例教学，在“国际商务礼仪”“综合英语”等课程中开展情景教学，在“批判性思维”“跨境电商 B2C 营销”等课程中开展探究式学习。同时，将多种教法进行优化组合和综合运用，支撑网络学习和线上与线下、自主与协作、同步与异步、分散与集中相结合的“互联网＋”教学实践，完善过程性和终结性相结合的考核评价制度，提升学生的获得感，打造高阶性、创新性、有挑战性的线上线下混合式“金课”。以“跨境电商 B2C 采购”“跨境电商物流”等课程为试点，打造“智能＋教育”的虚拟仿真“金课”，引导学生感知、认同、传承数字国际贸易文化，着重培养学生的团队精神与工匠精神、自主学习与综合应用能力、批判性与创新性思维。

（四）创新“双元双优”团队建设模式，打造高水平、结构化教师教学创新团队

1. 创新“双元双优”团队建设模式

“双元”指校内专任教师和行业兼职教师。“双优”指优秀的教师职业人和优秀的外贸职业人（行业兼职教师）。“双元双优”教学创新团队共同开发岗位标准、专业标准、课程标准，共编教材，共同备课，共同授课，共同指导学生实践，参与人才培养全过程。

2. 形成“双专业带头人”“双课程负责人”“双导师育人团队”机制

行业大师担任兼职专业带头人和产业教授，形成由校内专业带头人＋行业专业带头人构成的“双专业带头人”机制。行业大师主导跨境电商成果转化、认证体系开发、技术攻关和标准制定等工作，学校出台行业大师认定、考核和激励办法，为行业大师创造优良的工作条件。

行业专家担任课程兼职负责人和培训讲师，形成由校内课程负责人+行业课程负责人构成的“双课程负责人”机制。双课程负责人共同开发课程标准、设计课程内容、建设课程资源、开展课程教学、制定课程考核标准、编写新形态一体化教材和建设在线精品课程。

行业骨干担任创新创业导师，形成由学业导师+创业导师构成的“双导师育人团队”机制。按照材尽其用原则遴选出热心教育事业、拥有丰富行业资源的行业骨干，担任创新创业导师，校内骨干教师担任学业导师，两者共同形成一支相对稳定并不断动态调整的“双导师育人团队”。学业导师和创业导师以课赛、校赛、省赛和国赛为抓手，构建“学习即创业”“学习即比赛”“比赛即创业”的“学赛创”教学模式，合力推进跨境电商创业人才培养与创新创业项目孵化。

3. 培养高水平专业带头人、课程负责人和骨干教师

针对校内专业带头人、课程负责人，开展顶层设计师、资源整合师、创意制造师、教学示范者、科研领军者、服务引领者“三师三者”领导能力培养工作。针对校内骨干教师，开展课程设计能力、课堂教学能力、业务操作能力、创新创造能力、社会服务能力和国际交流能力六项核心能力培养工作。

4. 组建分工协作的结构化教学创新团队

专业群根据人才培养岗位定位，聘请由跨境电商 B2B 和 B2C 企业的运营、客服等岗位的行业骨干教师与校内专任教师组成结构化的“双元双优”教学创新团队，共同将岗位典型工作任务转化为主要教学项目，并细分为若干教学模块，针对不同业务领域，校内专任教师与校外兼职教师分别主讲各自“精专”的项目模块，实施分工协作模块化教学，提高人才培养质量。

（五）创新“四位一体”基地建设模式，打造高水平职业教育实践教学基地

1. 建设“四位一体”高水平职业教育实践教学基地

依托浙江省跨境电商综合服务产教融合人才培养示范基地，面向跨境电商技术技能人才紧缺领域，建设集“实战教学、行业培训、技能鉴定、创新创业”等功能为一体的高水平职业教育实践教学基地。

实战教学。通过校企共建跨境电商实践基地，依托国际贸易专业国家教学资源库、杭州新制造产业带、全球知名第三方跨境电商平台、跨境电商教学软件和真实跨境电商店铺，基于跨境电商真实工作过程，融 VR、AR 等深度情景体验开展跨境电商实战教学。

行业培训。依托国际贸易专业国家教学资源库、浙江省跨境电商综合服务应用技术协同创新中心等，面向跨境电商企业员工开展业务培训；依托高职国际商务专业群骨干教师国家级师资培训基地、教育部师资联盟培训基地等，为全国高校教师提供教学师资培训，将基地建成员工培训及师资培训高地。

技能鉴定。面向跨境电商 B2B 运营、营销、销售、客服等岗位，跨境电商 B2C 运营、营销、采购、物流、客服等岗位，为校内外学生提供跨境电商岗位职业技能等级鉴定。

创新创业。与跨境电商企业共建品牌出海创业孵化中心，通过大数据分析、开发独立站、研发数字营销方案、开展品牌运营，为中小企业提供数字化转型整体解决方案，切实提升创新创业成效。

2. 打造跨境电商综合实践平台

能力提升基地建设。基于跨境电商业务工作过程，建设能支撑跨境电商 B2B 运营专员、营销专员等，跨境电商 B2C 运营专员、物流专员

等工作岗位的跨境电商B2B和B2C实践教学基地。为适应“云物大智”等新技术发展需要，建设能支撑跨境电商选品、市场调研、运营、营销等关键工作环节的数据采集、建模、数据分析与挖掘等可视化教学需要的跨境电商大数据分析中心；建设跨境电商新媒体营销中心；建设跨境电商AI物流体验中心。为提升学生跨境电商创新创业能力，依托杭州新制造产业带，建设具有独立站开发、数字营销方案制作和整体数字化转型方案研发等功能的品牌出海创业孵化基地。

素质养成基地建设。建设“一带一路”国家文化体验馆，展示“一带一路”国家历史、人文、风俗等。建设数字国际贸易博览馆，展示数字国际贸易发展史，设置知名跨境电商平台展示、数字国际贸易体验等功能区。建设跨境电商达人素质养成空间，培养跨文化素养、美学素养、数字素养等。

(六)依托跨境电商协同创新中心，打造高水平跨境电商技术技能创新服务平台

跨境电商协同创新中心汇聚中国(杭州)跨境电商综试办、杭州市跨境电商协会、阿里巴巴网络科技股份有限公司等各方力量，开展政策咨询、标准开发、技术研发的协同创新研究。建立组织管理、创新动力、评价激励等系列运行机制，形成协同创新共同体。

1.建设创新服务团队

集聚数字国际贸易产业生态圈“校政行企”四方主体，构建一支能够承载政策咨询、标准开发、技术改进、流程优化、模式创新、服务增值等功能的技术技能创新服务团队。采用柔性人才引进方式吸引跨境电商平台、运营、物流等业务龙头企业的行业大师、业务骨干参与专业群技术技能创新服务。设立大师工作站、教授工作室，开展跨境电商课题研究，提高团队的应用科研能力。

2. 服务政府精准施策

依托捷克研究中心，整合研究资源，聚焦浙江省"一带一路"系列境外站建设、中欧班列大通道建设等重点研究领域，开展应用对策研究。重点参与长三角一体化视野下浙江省中欧班列发展对策研究，中捷、中塞跨境电商物流园区发展规划研究，"一带一路"捷克站发展对策研究，提交浙江与"一带一路"国家的跨境电商、跨境物流发展研究报告、"一带一路"系列境外站点发展研究报告等系列研究成果，每年以中、捷、英三语发布《"一带一路"框架下浙江与捷克经贸合作发展报告》，为浙江推动跨境电商发展精准施策提供咨询服务与智力支持。

3. 服务行业标准开发

依托中国商业贸促会标准委员会，开发《跨境电子商务从业人员岗位划分及职业能力要求》标准。依托杭州市跨境电商协会，开发《杭州市跨境电商物流从业人员岗位能力要求》标准。

4. 服务企业技术研发

依托跨境电商企业，通过跨境电商大数据分析、开发独立站、研发数字营销方案和品牌运营，为中小微企业提供数字化转型整体解决方案。与企业协同开展保税仓、海外仓等一站式物流集成服务创新，提高跨境物流行业服务运作效率。为中小跨境电商物流企业提供物流设施、商品包装的标准化解决方案。

（七）开展线上线下跨境电商培训，打造跨境电商社会服务知名品牌

1. 借助优质数字化教学资源，开展高质量跨境电商培训

依托资源库，与义乌和建德等地市商务局签订战略合作协议，开发 8 个跨境电商岗位培训包，面向浙江省中小微外贸企业开展线上线下跨境电商培训，助推传统外贸企业数字化转型；面向全国国际贸易类专业，开发专业带头人和业务骨干2个师资培训包，开展跨境电商专业带头人、课程负责人和骨干教师培训，助推国际贸易类专业升级；面向专业群毕业生，开展国际贸易新技术、新业务的"回炉"培训，提升其可持续发展能力。

依托中国职教MOOC、智慧职教MOOC学院等平台，开设跨境电商系列课程，面向全国高校学生和社会学习者，采用"线上培训、线下指导、全程跟踪"的方法关注学习效果，对考核合格者发放微专业证书或课程学习证书，服务学习型社会建设。

2. 依托高水平职业教育实践教学基地，开展跨境电商职业技能鉴定

依托高水平职业教育实践教学基地，基于跨境电商B2B运营专员、营销专员、销售专员和客服专员岗位，跨境电商B2C运营专员、营销专员、采购专员、物流专员和客服专员岗位，为校内外学生提供跨境电商岗位职业技能等级鉴定。

3. 面向青海、新疆等脱贫主战场，开展跨境电商教育扶贫

面向青海、新疆等脱贫主战场，与青海柴达木职业技术学院、新疆天山职业技术学院等学校签署对口扶持协议，对专业带头人、骨干教师和学生开展有针对性的指导和培训，精准施策，积极开展跨境电商教育扶贫。

（八）聚焦数字国际贸易，打造跨境电商国际职教品牌

1. 输出跨境电商课程和专业教学标准，打造跨境电商国际职教品牌

设立"马来西亚数字国际贸易学院"。积极参与"一带一路"建设和国际产能合作，加大开放办学和国际化办学力度，设立"马来西亚数字国际贸易学院"，开展海外员工跨境电商职业培训和外籍员工语言文

化培训，共同培养双向可交流、文化互融通的国际化人才，推动技术技能人才培养本土化，满足东南亚国家企业发展的需要，有效提升国际贸易实务专业群的国际影响力。

输出跨境电商课程。在马来西亚高校举办“中国跨境电商综合试验区发展”“跨境电商平台业务”等专题讲座，帮助马来西亚等东南亚国家了解跨境电商新业态及其发展；开设“跨境电商基础”“跨境电商 B2C 运营”等若干选修课，开展学分互认，帮助其拓展专业方向；开设以亚马逊、Shopee 等平台操作为核心内容的培训。

输出专业教学标准。向马来西亚等东南亚国家输出国际贸易实务、国际商务专业教学标准 2 个和课程标准 12 个，为当地培养了更多跨境电商技术技能人才。

2. 深化中外合作办学项目，丰富学生国际交流机会

继续深化国际商务中外合作办学项目，加大引进职业教育发达国家的优质教育资源，合作开发课程，加强国际贸易实务专业群的教学团队建设。以长短期海外游学、商务部援外项目志愿者活动等载体，为专业群学生提供丰富的国际交流机会，培养学生国际商务沟通能力和跨文化交际能力。

3. 扩大留学生教育规模，辐射优质职教资源

主动推进与“一带一路”国家的人文交流和人员往来，扩大东盟、中亚、中东欧地区等“一带一路”国家留学生教育规模，辐射优质职教资源。

4. 加强“专业＋多语种”人才培养，为企业国际化发展输送人才

优化商务英语专业的课程设置，开设法语、西班牙语、日语、阿拉伯语、捷克语等语种，加强“专业＋多语种”人才的培养，更好地发挥语言在区域合作中的作用，为企业国际化发展输送人才。

5. 依托捷克研究中心，建设跨境电商领域国际科研合作平台

依托捷克研究中心，立足捷克，辐射中东欧，组建服务“一带一路”

建设的专业研究团队，与捷克科学院全球研究中心等中东欧国家科研机构共同开展数字国际贸易领域的研究，参与中捷跨境电商园区发展规划制定，推动学术交流，共创科研成果，建设跨境电商领域国际科研合作平台。

（九）推进诊改和商科认证，构建专业群可持续发展保障机制

1. 深化专业教学诊改，健全专业内部质量保证

借鉴学校专业诊改确立的模式，根据专业群建设确立的新目标和新要求，更新群内各专业的诊改目标链和标准链。适应需求能力、资源建设能力、质量提升能力、毕业生可持续发展能力等四大诊改维度，更新各专业质量监控点的目标值、标准值与预警值，优化专业群专业诊改方案。

根据目标引领和问题导向原则，按照“8 字”质量改进螺旋确定的诊改路径，开展专业群周期性教学诊改。在诊改过程中，依托学校升级的智能校园和教学质量诊改平台，实时监测项目建设进度，及时发现不足，进行有效改进。

2. 推进商科认证，健全专业外部质量保障

与第三方组织签订合作协议，组建专业群认证核心工作小组。开展商科教育专业建设理念与范式、实操培训，推进基于成果导向的人才培养方案修订。对标国际标准，健全专业建设缺失的体制机制以及相应的流程规范。开展面向利益相关方的调查，依据反馈信息优化和完善培养目标、培养过程，完成专业建设成果与国际认证标准的对接。

在按照国际专业认证标准与范式开展建设的基础上，委托第三方组织协作专业群内的核心专业完成申报书及其他合规操作。在完成三年规范建设数据积累下，开展商科认证。通过认证，提升专业人才培养国际美誉度，打造具有国际水准的专业建设标准。

全面从严治党视阈下的清廉学校建设实践路径研究

张江琳　彭白颖

（浙江金融职业学院）

党的十八大以来，以习近平同志为核心的党中央将全面从严治党纳入战略布局，国家党风廉政建设和反腐败工作取得了巨大成就。当前，我国正处在“两个一百年”奋斗目标的历史交汇期，浙江省正在全面实施教育现代化战略和高等教育强省战略，努力为“高水平全面建成小康社会，高水平推进社会主义现代化建设”提供人才和智力支持。高水平发展靠人才，人才的培养靠教育。高校肩负着培养社会主义建设者和接班人的使命，高等教育的发展不仅是两个高水平建设的重要推动力量，也是重要内容。习近平总书记指出：“今天，党和国家事业发展对高等教育的需要，对科学知识和优秀人才的需要，比以往任何时候都更为迫切。”全面加强党对教育工作的领导，坚持社会主义办学方向，培养德才兼备的社会主义事业建设者和接班人是发展我国高等教育事业的内在需求。将全面从严治党向纵深发展，扎实落实立德树人的根本任务，建设清廉学校，推进清廉教育，对进一步开创党和国家事业新局面意义重大。

一、清廉学校建设概述

（一）清廉学校的内涵

清廉学校是我省部署深化推进“八八战略”，建设“清廉浙江”之“清廉教育”的一个重要组成部分，是实现“重要窗口”的新目标新定位的一个系统工程。

清廉是教育的基石。清廉学校面对的不仅仅是学生、教师，也不仅仅是廉洁教育和廉洁从政，也是学校正确的办学理念、完善的治理体系、规范的权力运行、良好的师德师风、积极的教风学风等各个部分的有机统一。“清廉学校”是党的十八大以来教育反腐倡廉理论的创新，也是实践上的不断开拓进取，既是教育的长期奋斗目标，同时也是与每位教育工作者息息相关的现实实践。

（二）清廉学校的特征

1. 坚持共产党的领导是根本保证

这是清廉学校的前提和基础。坚持中国共产党的领导，坚持党的教育方针，坚定端正的办学理念，把培养社会主义建设者和接班人作为根本使命，培养一代又一代拥护中国共产党和我国社会主义制度，践行社会主义核心价值观，为中国特色社会主义奋斗终生的有用人才。

2. 立德树人是本质要求

学校是培养人才的摇篮，要坚持立德树人这个中心任务，牢牢把握正确政治方向的大“德”不放松，将教育事业的发展同国家现实目标和未来方向紧密地联系在一起，使教育回归本位、回归初心。高校必须紧紧围绕立德树人组织开展各类教育教学活动，把立德树人作为检验学校一切工作的最高标准。

3. 师生共同参与是必要条件

“清廉学校”建设涉及学校教育事业的方方面面，必须凝聚各方力量，达成共识。如果没有党员干部、教工师生的广泛参与和共同努力，清廉学校将始终是空中楼阁、纸上谈兵。

(三)清廉学校建设的主要内容

与传统的校园廉洁文化相比,清廉学校建设的内容更加广泛,包括强化党的领导,牢牢把握意识形态工作的主动权,加强中华传统文化和爱国主义教育,确保正确的办学方向。健全治理体系和治理机制,提升现代化的治理能力,推动健全以章程为统领的现代学校制度,落实教工民主参与管理的体制机制,拓展专家治学的渠道和载体,实现学校自我管理、自我发展、自我约束。规范权力的运行,加强对重点领域和关键环节的管理,完善内部管理制度,完善内部控制体系,提升制度的执行力。持续从严加强作风建设,不折不扣地执行中央"八项规定"精神,建立健全作风建设常态化的长效机制。加强师德师风建设,将习近平新时代特色社会主义思想融入教师教育、学科专业、教学实践,将教师队伍锻造成坚定执行党的教育方针的强大力量。追求求真务实、勤于学习、敢于创新、勇于实践的清新学风。

二、全面从严治党下的清廉学校建设

(一)全面从严治党的内涵

习近平总书记对全面从严治党的基本内涵做了明确阐释:"全面从严治党,核心是加强党的领导,基础在全面,关键在严,要害在治。"就高校来说,全面从严治党,要牢牢把握"全""严""治"这三个方面。

"全"首先体现为管党治党的内容具有全面性,囊括了党的各个领域,包括思想建设、政治建设、组织建设、制度建设、作风建设等多个方面。其次,"全"体现了管党治党的要素具有多元性,不仅各级党组织承担了管党治党的主体责任,保证全面从严治党贯穿于党组织建设的方方面面,党员干部也要精准落实管党治党的各项要求。最后,"全"还体现了管党治党的持久性。随着我国特色社会主义进入新时代，国际形势的复杂性和不确定性逐渐增加，共产党执政也遇到了前所未有的机遇和挑战，只有持续不断地坚强党的领导，才能有效应对各种错综复杂的问题和挑战。

“严”就是管党治党的力度，要有敢管敢严、真管真严、长管长严的态度和勇气。“严”还是一种标准，严明党的纪律和党的规矩，在党章的统领下不断完善党内各项法规。“严”还体现在要落实在各领域、各环节、各主体，做到规矩面前人人平等。

“全面”与“从严”都必须通过“治”才能实现，“治”是全面从严治党的关键环节。“治”体现了管党治党的强度，要有猛药去疴、重典治乱的决心，刮骨疗毒、壮士断腕的勇气，坚持惩治不放松，保持高压态势，敢于直面并解决存在的各种问题。“治”还体现在各个主体都要承担起相应的职责。各级党组织要真正承担起治党的主体责任，各级纪委落实好监督执纪职责，长期严抓，才能真正体现管党治党的效果。

（二）全面从严治党与清廉学校建设的关系

1. 清廉学校建设是全面从严治党的重要抓手

建设清廉学校是学校党风廉政建设和反腐败斗争取得胜利的重要途径，是执行全面从严治党的必然要求。在坚持党的全面领导下，树立综合治理的基本理念，既对各种失范行为形成震慑，将问题消灭在萌芽之中，又通过理论指导和信念指引熏染的内向发力，提高认识水平和思想境界，增强党员干部的党性修养，在外在约束与自我反思中规范行为，有利于实现治标与治本，使思想建党与制度建党有机统一。建设清廉学校，是推进学校正向积极发展的强大动力，能够极大地促进全校师生积极主动投身于学校的教育事业，形成合力推动学校不断发展。

2. 全面从严治党是清廉学校建设的有力保障

作为党的建设的重要领域，清廉学校建设必须以坚定社会主义办学方向为前提。全面从严治党不仅事关培养社会主义事业合格的建设者和接班人的职责履行，更是事关中华民族伟大复兴中国梦的顺利实现。没有党的领导，学校的发展必将是无源之水，无本之木，清廉二字更是无从谈起。在建设清廉学校的过程中，必须坚持全面从严治党，确保学校在党的坚强领导下，不断深化共产主义和社会主义信念，保持教师队伍稳定的政治立场。全面从严治党确保人才培养的价值导向，确保社会主义核心价值观的教育引领，营造以廉洁文化为依托的廉洁教育环境，有助于建设清新的党风、政风、校风、教风、学风，形成风清气正的政治生态局面。

（三）全面从严治党背景下建设清廉学校的重大意义

1. 清廉学校建设为提高高校综合竞争能力提供重要保障

学校发展不仅需要良好的硬件条件，同时也需要高水平的治理能力，清廉学校是体现高校治理水平的重要因素。自从进入中国特色社会主义新时代后，高校的发展迎来了新的历史机遇。国家全面推进产业转型升级和“一带一路”倡议，出台一系列政策对高等教育的发展做出重大战略调整，高校应当契合国家发展和区域建设的需求，努力提升专业人才的培养水平。尤其对于高职院校来说，在国家对职业教育进行重大改革的背景下，高职院校的发展有了新的要求。高职院校应当在办学机制、产教融合、人才培养、社会服务等方面全面转型升级，实现高职教育的高质量发展。在当今新的科学技术不断出现的背景下，传统行业不断被颠覆，新兴产业接连出现，对人才的需求也产生了重大转变。这些变革都促使高校要根据产业发展形态及时推进学科（专业）建设，匹配产业发展以适应经济的新常态要求。清廉学校建设的内容不仅涵盖了学校整体层面的治理体系和治理能力,也对学校内部的内控机制、关键领域和小微权力的管理、师德师风、校风学风都提出了高水平建设的要求。这不仅是国家、社会对高等教育的期望,也是一个高校全面、健康、可持续发展的重要基础,更是学校不断提高综合竞争能力的巨大推动力。

2. 建设清廉学校是贯彻落实习近平新时代中国特色社会主义思想和党的十九大精神的具体举措

它是全面落实习近平总书记对浙江工作重要指示精神的内在要求,是浙江推动全面从严治党向纵深发展的有力抓手,是推进治理体系和治理能力现代化的重要内容,是坚定不移沿着“八八战略”指引的路子走下去的必然要求,在“两个高水平”建设和“六个浙江”建设中处于基础性地位,具有保障性作用。清廉学校建设就是要在坚持共产党对教育事业的全面领导下,发挥多元主体合力,不断完善治理体系,创新治理模式,提升治理水平,为实现教育现代化、建设教育强国提供坚强政治保证、思想保证和组织保证。建设清廉学校就是要从高校党委到各党总支、党支部,从党委第一负责人到一般党员、教师员工,承担起各自应尽的职责,共同参与,形成合力,围绕高校教书育人、立德树人的根本目标,把“严”字贯穿于党的政治建设、思想建设、组织建设、作风建设,把“清廉”融合在学校制度建设、权力运行、文化建设、学术科研、师德师风、教风学风等各个领域,统筹规划,一体推进,建设风清气正的育人环境。

三、清廉学校建设的基本原则

清廉学校建设作为贯彻全面从严治党的重要载体,对于高校遏制腐败,提升治理能力,优化政治生态有着重要的作用。

（一）坚持全面从严治党为引领的原则

全面从严治党是清廉学校建设的重要指导思想。高校要认真贯彻落实上级的统一决策部署，做到党的建设与学校发展良性促进。以全面从严治党为牵引力，凝聚党员干部、师生员工的共识，形成建设“清廉学校”的合力，为下一步推进各项工作打下良好基础。

（二）坚持顶层设计和统筹推进的原则

清廉学校建设是一项系统工程，必须高屋建瓴，按照统筹全局、协调促进的原则，有序协调师生员工各方力量共同推进。坚持走群众路线，相信群众，依靠群众，拓宽民主监督渠道，充分发挥教师员工积极参与学校民主管理的积极性。

（三）坚持以问题为导向的原则

清廉学校建设要重视查摆问题，从突出的问题入手，进行深入的分析，发现背后深层次的原因，提出完善的措施，由表及里、由浅及深、由点及面不断推进，严格执行学校制度，确保各项目标任务的落实。

四、全面从严治党背景下清廉学校建设的实践路径选择

清廉学校建设是一项根本性、全局性、系统性的工程，必须抓住关键环节，对发现的问题强化根源剖析，从源头上、从促进高校治理的全局高度不断完善与创新旧规，不断加大制度执行力度，进行科学考评及问责，形成结构合理、内容完善的内部治理机制。发挥高校各类人才的优势，结合自身特点开展廉洁教育与廉政文化建设，使廉洁自律成为个人的内在需求。最终从根本上夯实集清明政风、清净校风、清正教风、清新学风、清纯党风于一体的清廉学校的基础。

（一）以政治建设为统领，压实主体责任，提升治理能力

1. 紧紧抓住政治建设这个中心，强化党的全面领导

按照社会主义政治教育家的要求，加强领导班子能力建设，严格落实政治建设首要任务，严明政治纪律和政治规矩，牢固树立“四个意识”，压紧压实各级党组织的主体责任和主要负责人的第一责任。加强对各级党组织责任落实情况的检查，分项目对主体责任落实情况进行年度量化指标考核，并将结果纳入学校年终绩效考核当中。督促发现问题的整改。紧盯日常监督、专项督查、信访举报和审计等发现的问题，以纪法的刚性约束推动问题的整改，在整改落实中使所在部门、单位压紧压实责任。

2. 坚持和完善党委领导下的校长负责制

完善内部治理体系与结构，强化依法治校。完善章程建设，推动健全以章程为统领的现代学校制度。拓展专家治校的途径，完善专家治校机制，以专业素养助力高校不断自我完善、自我约束。不断健全落实教职员工参与学校管理的体制机制，充分发挥群众民主监督管理的积极作用。大力推行校务公开，以公开促进公平，以公开促进公正。

（二）以制度机制为核心，加强监督制约，完善风险防控

1. 坚持问题导向，规范业务流程

全面梳理高校干部人事、招生录取、采购招标、基建工程、后勤管理、资产运营、合作办学等重点领域的制度，根据上级规定和要求，结合校内实际情况，规范各项业务，尤其是重点领域业务的流程，解决好源头治理的问题。在制度建设时，不能生硬地按照“头痛医头、脚痛医脚”的思维模式，要统一规划，顶层设计，完善沟通协调机制，畅通沟通渠道，解决不同制度之间可能存在的节点冲突，使高校管理工作机制运

行通畅。按照建立健全现代大学制度的要求，做好管理制度的“废、改、立”工作。可以参照国外一些先进的管理经验，对出台的每一项制度设立有效期限，如五年、十年等。待到有效期截止时，如果没有对该制度进行修订，则自行废止。如此倒逼高校管理部门按时清理校内制度，对那些不再适应新形势的规章制度，按照国家、上级最新精神和要求及时修订或废止，避免出现制度建设滞后的现象。

2. 严格制度落实的执行机制

制度的生命在于执行。建立科学的制度执行考评体系。通过督查考评、问责问效，着力纠正和解决制度执行中重形式轻内容、重一时轻长效的问题。建立制度执行的责任制。仅仅依靠个人自觉来执行制度，具有不稳定性和暂时性。一般说来，制度的起草部门为制度执行的责任部门，会签部门为协助执行部门。明确制度执行的责任主体，将制度执行的责任落实到各部门、二级单位。各执行部门协调配合才能做到各负其责、分工合理、责任明确，以保证制度得以执行，并减少在制度执行中可能产生的不必要的矛盾和踢皮球现象。

3. 完善权力运行的监督机制

加大对权力决策机制的约束，严格落实“三重一大”事项集体讨论制度，明确决策权限、决策内容和决策程序，对错误、失误决策实行问责，杜绝“一言堂”的现象。加强对权力运行机制的监督。对高校重要工作领域，管人、管财、管物相对集中的部门中建立常态化的监督机制，整合党内监督、行政监察、内部审计、正风肃纪之监督合力，逐步形成监督内容和监督领域的全覆盖，防止出现滥用权力和利益寻租的行为。充分尊重广大教职工的民主权利，注重民主管理，完善公示、听证、咨询制度，保障教职工学生的知情权、参与权和监督权。实行特邀监察员制度，充分发挥民主党派的民主监督作用。

(三)以关键领域为重点,坚持整改落实,强化警示作用

1. 校内巡察与校内监督相结合

以全覆盖的工作方式、零容忍的工作态度,对校内二级单位开展以政治为主的巡察。落实各级党组织的主体责任,让党员干部在政治纪律、组织纪律、廉洁纪律、工作纪律、群众纪律、生活纪律及党风廉政建设责任落实等方面进行深入的廉政体检。结合校内监督,关注重点领域和关键环节,对发现的违纪现象给予严厉查处,对存在的问题给予坚决整改,并在校内通报,发挥问题查处的综合效果,形成强大的震慑力和警醒作用,营造清廉的政治氛围。

2. 深入治理小微权力

“千里之堤,溃于蚁穴”,虽然微腐败行为小、金额微,但是与教师员工、学生及其家长联系密切,涉及面广,隐蔽性强,如果不深入治理和纠正,会让一些党员干部、教师员工产生小事不会被查的侥幸心理,对良好的政治生态形成强大的破坏力,严重影响到“清廉学校”的建设成果。对待“微腐败”要坚持小题大做,决不能下不为例、法不责众,发现一起,查处一起,让高压态势覆盖到权力运行的每一个角落。

3. 严格落实问题的整改

重视在巡视巡察、内部审计、专项治理、日常监督中发现的问题线索,规范信访举报的管理。重点核查师生反映强烈的问题。有效实践“四种形态”,坚持抓早抓小,落实廉政谈话提醒机制,当党员干部出现苗头性、倾向性的问题时及时谈话提醒,给予警示。坚持“一案一整改”,深刻剖析每个案例发生的原因,找出问题根源,要求案发部门深刻反省,限期提出预防策略,其他部门引以为戒,举一反三,及时弥补工作不足,堵塞漏洞。

（四）以清正廉洁为目标，深化宣传教育，加强正向激励

建设“清廉学校”，既要注重规章制度，也要重视道德自律，将德治与法治有机地结合起来。“内无妄思，外无妄动”，一个人能否廉洁自律，最大的诱惑是自己，最难战胜的敌人也是自己。一个人战胜不了自己，制度设计得再缜密，也会“法令滋彰，盗贼多有”。人的言行更多时候要靠内在因素来支配，必须从坚定理想信念入手，宣传廉洁风尚，为党员干部正确行使手中的权利提供信仰支撑。

1. 强化理想信念教育和党性修养

突出理想信念教育，引导党员干部系统学习中国特色社会主义理论体系，特别是习近平总书记系列重要讲话精神，自觉用贯穿其中的立场、观点、方法武装头脑、锤炼党性，把好政治思想建设这个关。通过“两学一做”“不忘初心、牢记使命”等主题活动深化党内教育，强化“不想腐”的政治定力和行动自觉。强化宗旨意识和纪律观念，严明党的纪律，自觉筑牢拒腐防变的思想防线。

2. 推进警示与激励教育

结合巡视巡察、专项治理、日常监督、内部审计中发现的问题，对全校教师员工，尤其是党员干部进行教育提醒和政策法规的宣讲。用教育系统内的典型案件开展警示教育，用身边事警示身边人，实现惩治成果向预防成果转化的良性互动。强化模范榜样的正面激励作用，让“以廉为荣、以腐为耻”的理念更加深入人心，通过正面的引导净化灵魂，树立崇廉厌腐的形象，教育人们明辨是非，自觉抵制腐败文化的侵袭。

3. 建设校园廉政文化

建设以“廉政文化研究所、廉政文化展览、廉政教育课”为载体的廉政文化体系。用多种形式开展廉政文化专项课题研究，廉政主题的论

文征集、书画评比活动，廉政文化专题研讨活动，将廉政文化纳入学校政治思想工作和校园文化建设的总体规划当中，融入教育教学、师资建设、人才培养、管理治理的全过程，强化干部廉洁从政、教师廉洁从教、员工廉洁从事、学生廉洁从学的廉洁意识。

编后记

浙江金融职业学院于2019年4月起,组织申报中国特色高水平高职学校和专业建设计划,并成功入选中国特色高水平高职学校建设单位。入选以来,全校上下对新时期高水平高职教育高质量发展有了进一步的认识和思考。为进一步发挥科研对“双高计划”建设和人才培养的支撑作用,持续培育高水平科研项目,我校设立“双高计划”院校建设项目的重点科研项目,下设15项子课题,力求做到理论研究与实践发展相结合,现将子课题成果汇编成册,围绕“双高计划”十大改革发展任务,我校将“一加强、四打造、五提升”总结概括为“五新七校”,子课题对建设全国高职院校党的建设新标杆、形成财经类人才培养新范式、铸就高水平技术技能创新服务大平台、引领财经类专业群改革新发展、激发双师队伍建设新动能、打造产教融合典范校、打造服务发展品牌校、打造依法治校示范校、打造信息化建设样板校、打造国际职业教育特色校、打造文化建设与文化育人标杆校、打造全国高职研究引领校等方面,开展了创新性研究,着力推进产教、科教双融合,以期引领带动整个高职教育战线同步建设。

本书提出的中国特色高水平高职学校建设的金院思考,在一定程度上代表着中国高等职业教育的发展方向,建设中国特色高水平高职院校和专业群是新时代推进教育现代化的必由之路,也是全体高职战线同仁们的光荣使命,经过示范校、骨干校、优质校建设的高职人,一定会一张蓝图绘到底,为建设引领改革、支持发展、中国特色、世界水平的高职教育而不懈奋斗。

周建松　郑亚莉

2020年夏